지정학의 모든 것

illustoria illustration+storia('역사'의 이탈리아어)의 합성어로,
우리와 세계 모든 이들이 함께 이룩한 역사가 일러스트를 만나 태어난, 알기 쉬운 역사 교양 시리즈입니다.

글 | 기획집단 MOIM 출판의 새로운 모색과 독자들과의 즐거운 소통을 위해 출판 기획자와 문文·사史·철哲 대중교양서 저술가, 번역가 등의 전문가들이 모인 기획집단입니다. MOIM은 우리말로 '교양을 갖춘 모든 사람을 모이게 한다', 영어로는 'Mozart's Imagination'의 줄임말로, 상상과 창의가 가득한 책을 내고자 하는 바람을 담고 있습니다. 그동안 펴낸 책으로《사기열전 1, 2》《브레히트의 서푼짜리 오페라》《비글호에서 탄생한 종의 기원》《갈리아 전기》《갈릴레이의 생애》《한자의신》《패스트 패션》《아프리카 쟁탈전》《핵무기의 모든 것》 등이 있습니다.

그림 | 이크종 연세대학교에서 건축 공학을 공부했습니다. 잠시 건설 회사에 다니다가, 그림을 그리고 싶어서 퇴사한 뒤 15년이 지난 지금까지 그림을 그리면서 잘 지내고 있습니다. 지은 책으로《그래요, 무조건 즐겁게》가 있고, 그린 책으로《한입에 꿀꺽! 맛있는 세계 지리》《남극에 '운명의 날 빙하'가 있다고?》《정확한 말, 세련된 말, 배려의 말》《핵무기의 모든 것》 등이 있습니다. 요즘 관심사는 행복하게, 또 함께 잘사는 법입니다. 인스타그램 instagram.com/ickjong

끊이지 않는 전쟁, 갈등, 외교를 이해하는 지름길
지정학의 모든 것

illustoria 006

초판 1쇄 발행 2024년 2월 10일
초판 2쇄 발행 2024년 3월 20일

지은이 기획집단 MOIM
그린이 이크종
펴낸이 김연희

펴 낸 곳 그림씨
출판등록 2016년 10월 25일(제406-251002016000136호)
주 소 경기도 파주시 광인사길 217(파주출판도시)
전 화 (031)955-7525
팩 스 (031)955-7469
이 메 일 grimmsi@hanmail.net

ISBN 979-11-89231-54-5 03300

끊이지 않는 전쟁,
갈등, 외교를 이해하는 지름길

지정학의 모든 것

기획집단 MOIM 글 · 이크종 그림

그림씨

추천의 글

지정학의 눈으로

세계를 바라보는 힘

나일강, 티그리스·유프라테스강, 인더스강, 황허강, 아마존강 등 이 하천들의 공통점은 무엇일까요? 바로 큰 강이라는 것인데요. 이러한 하천은 인류가 문명을 꽃피우는 데 매우 큰 역할을 했습니다. 인간이 살아가는 데 꼭 필요한 것이 '물'이기 때문이지요. 하천이 범람하며 형성한 충적 평야에서는 농사가 시작되었습니다. 이러한 땅은 하천이 범람할 때마다 하천의 영양분을 공급받아 비옥해졌고, 그 결과 농사가 잘되었지요. 이처럼 '어디'에 위치하고 있는지, 즉 지리는 인간의 생활에 많은 영향을 미치고 있습니다.

세계에서는 지금 러시아-우크라이나 전쟁이 계속되고 있고, 여기에 이스라엘-팔레스타인 전쟁이 다시 발발했습니다. 러시아와 우크라이나, 이스라엘과 팔레스타인은 국경을 접하고 있지요. 국경은 고도의 정치적 산물로, 서로 인접한 지역에서는 지정학의 논리로 크고 작은 전쟁이 발발하곤 했습니다. 지정학(地政學)은 지리와 정치가 결합된 말입니다.

지리가 정치에 미치는 영향에 대한 학문이지요.

지리가 모든 것을 결정한다는 듯한 지정학은 전쟁을 합리화하는 도구로 활용되어 제2차 세계대전 이후 퇴출당하기도 했습니다. 지리가 정치에 미치는 영향만을 강조하면 전쟁의 명분도 '지리'가 되기 때문입니다.

최근 지정학이 다시금 주목받고 있습니다. 지정학의 귀환은 '땅따먹기'를 위한 갈등과 분쟁의 시대가 다시 돌아왔다는 메시지입니다.

갈등과 분쟁은 지리의 숙명이 될 수 없습니다. 지리가 정치에 영향을 미칠 뿐만 아니라 정치도 지리에 영향을 미치고 있습니다. 우리는 코로나-19 사태를 겪으며 개인이 전 세계에 미치는 영향을 직접적으로 경험하였습니다. 신냉전 시대 국경이 강조되고 있지만 개인, 도시, 사이버 공간 등 국가를 초월한 스케일에서 세계화는 급속히 진행되고 있습니다. 이에 바다 지정학, 빙하 지정학, 온난화 지정학, 스마트 지정학, 우주 지정학, 바이러스 지정학 등 새로운 용어와 함께 지정학의 영역 또한 확장되고 있습니다.

우리가 살아가는 공간은 지정학의 역사가 켜켜이 쌓여 작동합니다.

세계의 움직임을 꿰뚫는 힘은 지정학의 눈을 통해 기를 수 있습니다.

여기, 지도 위에서 쉽고 재미있게 지정학을 이해할 수 있는

《지정학의 모든 것》을 함께 읽고 지정학적 상상력이 자라나 더 넓은

가능성을 꿈꿀 수 있기를 바랍니다.

전국지리교사모임 공동 회장

이용훈

차례

3부 세계를 움직인 지정학자들

4부 지정학은 현실입니다!

5부 눈에 보이지 않는 지정학

6부 21세기 등장한 새로운 지정학

7부 지정학의 미래

1부

'지리'라는 운명

러시아와 우크라이나

오래전부터 인류는 한 나라 또는 특정 지역의 지리적 성격이
외교나 정치와 어떤 관계를 맺는지 연구해 왔습니다.
그 대표적인 지역이 발칸반도를 중심으로 한 동유럽 지역입니다.
발칸반도를 중심으로 한 흑해, 튀르키예 지역은 고대부터 동서양 세력이
만나는 경계였습니다.
중세 이래로는 튀르키예를 중심으로 한 이슬람 세력과 유럽 기독교 세력이
만나기도 했습니다.
이곳에는 다양한 민족, 다양한 종교, 다양한 언어가 혼재해 있습니다.
그래서 오래전부터 이곳을 '유럽의 화약고'라고 불렀습니다. 결국 1914년,
이곳에서 제1차 세계대전의 막이 올랐고, 그 전인 1853년에는
크림반도와 흑해를 둘러싸고 크림 전쟁이 일어나기도 했죠.
그뿐인가요? 21세기에는 러시아와 우크라이나가 갈등을 빚다가 결국
러시아-우크라이나 전쟁이 발발했습니다.

러시아
벨라루스
폴란드
러시아 -우크라이나 전쟁 (2022)
우크라이나
1차세계대전
발발 (1914)
크림 전쟁(1853)
사라예보
사건
크림반도
흑해
서양
동양
튀르키예

러시아-우크라이나 전쟁에는 여러 요인이 있지만, 지리적 상황이 한몫합니다.

두 나라 사이에는 드넓은 평원이 자리하고 있어, 언제든 쉽게 공격에 나설 수 있죠.

우크라이나에서 러시아 수도 모스크바까지는 그리 멀지도 않습니다.

그래서 러시아는 우크라이나를, 우크라이나는 러시아를 견제합니다.

역사적으로 긴밀한 관계를 맺고 있는 두 나라가 갈등을 빚는 까닭입니다.

한반도와 동아시아

우리는 학교에서 한반도의 지리적 위치에 대해 오랫동안 배웠습니다. 동아시아 지역에서 한반도는 지리적 중심지입니다. 그래서 대륙 세력과 해양 세력이 한반도를 사이에 두고 오랫동안 각축전을 벌인 것은 역사도 기록하고 있습니다. 몽골의 고려 침략(1231년)부터 임진왜란(1592년), 병자호란(1636년) 등 한반도를 노린 외부 세력은 수시로 침략에 나섰습니다.

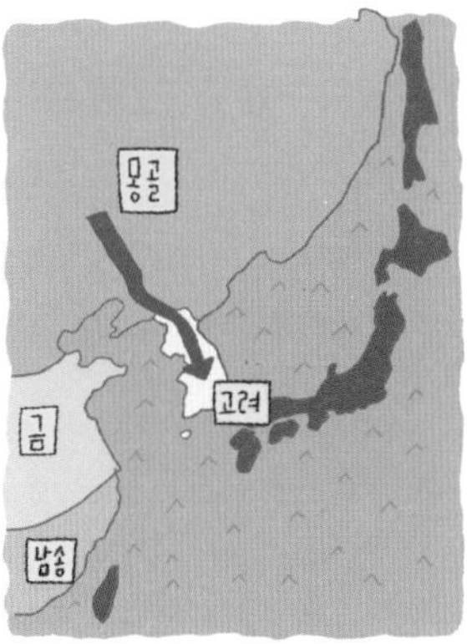

몽골의 고려 침략.

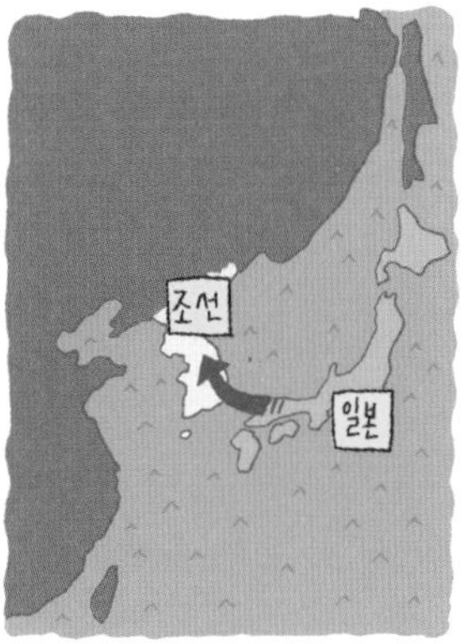

임진왜란.

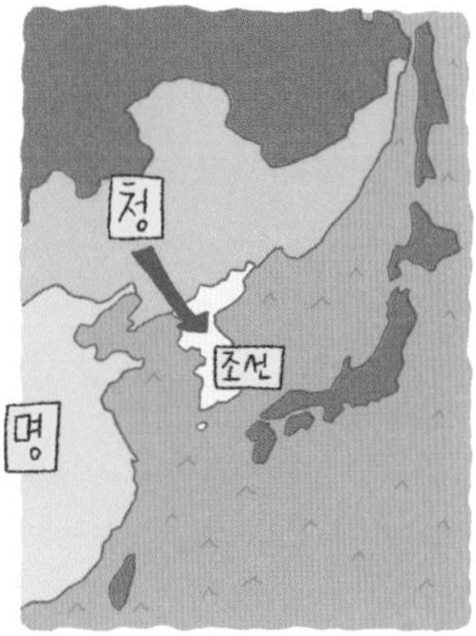

병자호란.

근대에 들어와서도 러시아, 청나라, 일본이 한반도를 사이에 두고 다투었고, 결국 일본의 침략을 받기에 이르렀습니다.

그러나 광복 후에도 한반도는 평화를 누릴 수 없었습니다.

한국 전쟁이 발발해 급기야 분단되고 말았죠.

우리는 중국 땅만으로는 만족 못했지. 한반도도 먹고 일본도 먹어야 했거든.
한반도는 대륙 세력과 해양 세력 사이에 놓인 지역이라, 오래전부터 두 세력이 호시탐탐 노리곤 했어.
풉! 대륙에서 바다를 공격해 성공하긴 힘들지만, 섬나라가 대륙을 공격해 성공한 사례는 많지. 한반도, 중국, 러시아, 모두 두고 보라고. 낄낄!
대륙
해양
몽골
중국
한반도
일본

다뉴브강

반대로 지리적 요소가 나라들 사이의 교류와 협력에 영향을 주기도 합니다.

오늘날 다뉴브강은 독일, 오스트리아, 슬로바키아, 헝가리, 크로아티아, 세르비아, 루마니아, 불가리아, 몰도바, 우크라이나 등 여러 나라를 흐릅니다.

유럽 넓은 지역을 흐르는 다뉴브강은 천연 국경 역할을 하면서 동시에 넓은 지역 사이에 교역을 가속화하였습니다.

우리는 '도나우'라고 부르는데.
독일
국경
우리 국경선이 다뉴브강이야.
슬로바키아
우린 '두너레아'.
오스트리아
헝가리
루마니아
'다뉴브강' 덕분에 우리 물건을 널리 팔 수 있었지.
우린 '두너'!
불가리아
우린 '두나브'.

히말라야산맥

한편 지리적 요인이 전쟁을 억제하기도 합니다.

히말라야산맥을 중심으로 중국과 인도, 파키스탄 등이 갈등을 겪고 있음에도, 이곳 지형이 너무 험해서 전투를 벌이기는 쉽지 않죠.

그래서 갈등은 자주 일어나지만 큰 전투로 이어지지는 않습니다.

우리 땅 반드시 지키겠어!
더이상 넘보지 말라고!
파키스탄
중국
네팔
인도
저 녀석들을 공격하고 싶은데, 지형이 너무 험해서 공격하기가 어렵네.

국경 분쟁 지역.

지정학이란 무엇인가?

앞에서 살펴본 것처럼 지리적 조건과 정치·외교·군사 사이에는 밀접한 관계가 있습니다.

그러나 19세기가 다가도록 정치와 지리가 어떻게 관계를 맺는지 전문적으로 연구하는 학자는 흔치 않았죠.

그러다 스웨덴 출신 정치학자 루돌프 셸렌(Johan Rudolf Kjellén, 1864–1922)이 처음으로 '지정학'이라는 단어를 사용하기 시작했습니다.

나는 정치 현상과 지리적 조건 사이의 관계를 연구할 때, 국가를 '유기체'로 보았어.
여러 부분이 일정한 목적 아래 관계를 맺는 조직체, 즉 '국가'란 단순히 지리적으로 그곳에 있는 땅이 아니라 정치, 경제, 사회, 시민 등이 연결되어 있는 존재라는 뜻이야.
지정학
국가 = 유기체

루돌프 셸렌

지정학은 영어로 'geopolitics', 즉 'geography(지리)'와 'politics(정치)'가 결합된 단어입니다. 한자어 '지정학(地政學)' 역시 '지리 지(地)', '정치 정(政)', '학문 학(學)'으로 이루어진 단어죠.

셸렌이 지정학이라는 단어를 만들 즈음, 서양 여러 나라는 전 세계에 식민지를 갖기 위한 경쟁과 다툼에 한창이었습니다. 그때부터 지정학은 한 나라의 정치·경제·사회·민족·종교·군사 등 모든 요소와 지리적 국경을 연결하여 연구하는 학문이 되었습니다.

지리, 경제, 인구 등의 요인이 정치, 특히 국가의 외교 정책에 미치는 영향을 연구하는 학문이지.
지정학의 역사는 200년도 채 안 되었지만, 정치·외교와 지리적 관계는 국제 질서와 연관되어 있기 때문에 중요한 학문이기도 해.

2부

지정학을 이루는 네 가지 요소

국경과 영토

언제든 움직일 수 있다!

지정학을 구성하는 요소에는 여러 가지가 있습니다.

눈에 보이는 국경과 영토야말로

지정학의 가장 중요한 요소입니다.

우리나라를 둘러싸고 있는

동아시아 지역을 살펴볼까요?

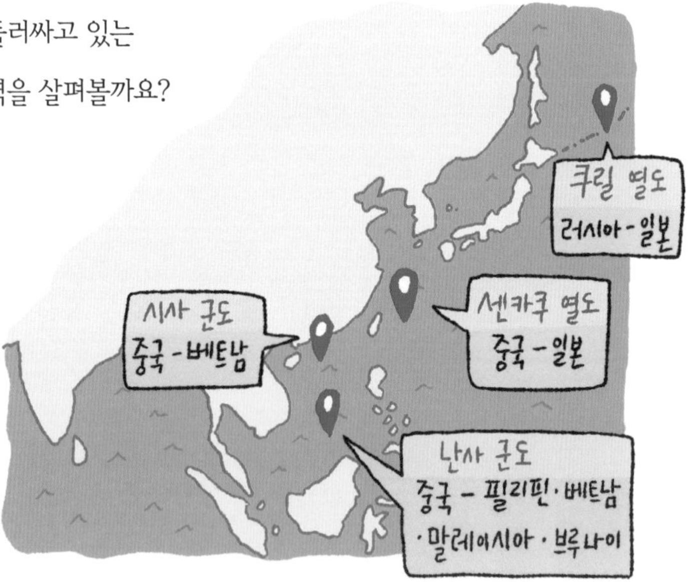

동아시아
영토 분쟁 지역.

쿠릴 열도가 우리 땅이라는 걸 세계가 다 아는데도 일본이 자기네 땅이라고 우기다니!
러시아
이 섬들 모두 우리 땅인데, 다들 자기네 땅이라고 우기네.
일본
동중국해에 있는 섬들은 댜오위다오(조어도)야. '센카쿠 열도'라고 부르는 나라는 일본을 지지한다는 거지.
중국
남중국해에는 우리 땅도 있어. 그래서 절대 '난사 군도'라 부르지 않아. '카랴안 군도'라 부른다고!
남중국해에 있는 여러 섬은 우리 땅인데, 중국이 자기네 땅이라고 우기고 있어.
베트남
필리핀

더욱 놀라운 곳도 있습니다.

지도상에 국경선이 존재하지 않는 땅이 있다는 사실을 믿는 사람은 거의 없을 것입니다. 그러나 분명히 있습니다.

바로 파키스탄과 인도가 맞대고 있는 카슈미르 지역입니다.

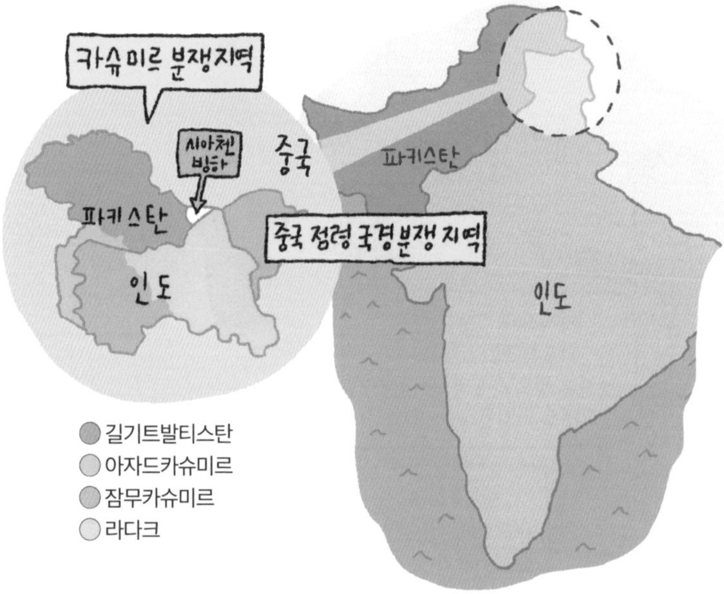

이곳에는 인더스강과 히말라야산맥, 카라코람산맥, K2봉, 낭가파르바트산, 그리고 세계에서 보기 드물게 춥고 외진 시아첸 빙하가 자리하고 있습니다.

국경을 분명하게 정하기 어려운 자연적 조건을 갖추고 있는 셈이죠.

거기에 역사적인 갈등까지 더합니다.

인도와 파키스탄이 분리, 독립할 때 이슬람교도가 다수인 이 지역은 당연히 파키스탄에 속할 예정이었습니다. 그러나 영국 식민지 시절부터 이 지역을 다스리던 번왕*이 인도로 가겠다고 결정했죠. 이때부터 이 지역은 인도와 파키스탄 사이에서 갈등을 겪게 되었습니다.

파키스탄으로 가려고 했는데 군주가 인도로 가겠다고 한 거야.
우린 이 결정을 받아들일 수 없다고!
어허, 지도자가 도장까지 찍었는데, 따라야 하느니라.
인도 땅

* 영국의 보호와 감독 아래 토후국을 지배하던 세습 전제 군주.

이곳 외에도 지구상에서는 여러 나라, 여러 민족이 국경선을 사이에 두고 다양한 갈등을 빚고 있습니다.

모든 나라는 자신들의 주장이 옳다고 여길 것입니다.

그 가운데는 너무나 당연한 내용도 있습니다. 독도가 대한민국 영토인 것처럼 말이죠.

하지만 일본이 줄기차게 독도가 자기네 땅이라고 주장하는 것은 세계에서 단 한 나라라도 일본의 주장을 받아들이면, 그것을 근거로 삼아 분쟁 지역으로 만들려는 속셈이 있기 때문이죠.

국제적으로 분쟁 지역이 되는 순간, 그 지역을 둘러싼 갈등은 해결되기 어렵습니다.

지금도 지구상에는 수많은 분쟁 지역이 있습니다.

그리고 그 분쟁 지역들을 둘러싸고 갈등이 끊이지 않습니다.

아프리카 국경선

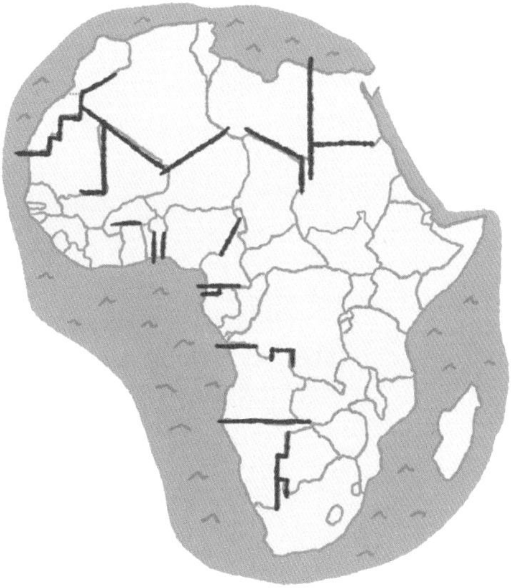

아프리카 지도를 보면 많은 나라

국경선이 직선입니다.

지구상에 존재하는 나라들 가운데

아프리카 대륙처럼 직선 국경선을

가진 곳은 찾아보기 힘듭니다.

직선은 자연스러운 국경이 아니라

인위적인 것이니까요.

왜 아프리카 국경은 직선이 많을까요?

부족이라는 개념이 강했던

아프리카에서는 국가를 이루고 사는 곳이 별로 없었습니다.

또 토지 소유라는 개념이 없던 원주민들은, 땅 주인이 누구인가를

따지지 않았습니다. 모두 함께 살아가는 공동체였으니까요.

그런데 서양인들이 이곳에 들어왔습니다.

그들은 땅의 '소유권'이라는 개념을 만들었습니다.

그리고 필요에 따라 국경선을 그었죠.

그 후 다른 나라들도 아프리카에 들어와 땅을 차지하기 시작했습니다.

오늘날 아프리카 국경선은 이렇게 형성된 것입니다.

여기부터
이제 우리 땅!
찜!
여긴 원래
우리 부족 땅이었어!
갑자기 왜 이래?
나도!
알았어.
그럼 이쪽은
우리 땅!

주로 영국, 프랑스, 독일 등 유럽 강대국의 지배를 받아오다, 제2차 세계대전이 끝나고 하나 둘 독립하게 되었습니다.
강대국들이 그어 놓은 경계선대로 독립한 국가 안에는 서로 다른 부족들이 남게 되거나 하나의 부족이 여러 국가로 나뉘게 되었습니다. 부족의 생활 공간을 무시하고 강대국들이 경계를 그어 놓았기 때문입니다.
이런 역사적 배경은 고려하지 않고 누군가 먼저 침략했다고 해서, 누가 옳으니 그르니 섣불리 판단하기 어렵습니다. 하지만 오늘날 아프리카 곳곳에서 내전이 계속되고, 많은 난민이 발생하는 원인 가운데 하나는 지금의 아프리카 국경선임을 부정할 수는 없을 것입니다.

더 이상의 분쟁이 없었으면 좋겠어.

경제

경제적 관계와 역사는 별개?

경제적 관계 역시 매우 중요합니다.
대한민국과 일본은 역사적으로 사이가 좋지 않습니다.
일본이 한반도를 침략한 것만도 여러 번이니까요.
그렇지만 오늘날 대한민국과 일본은 우호 관계를 유지하고 있습니다.
감정적으로 싫어하는 사람들이 많은데도 말이죠. 왜 그럴까요?
두 나라는 경제적으로 밀접한 관계를 맺고 있기 때문에 서로 적대시하기 힘들기 때문입니다.

중국과 일본, 베트남과 중국, 미국과 다른 아메리카 국가들의 관계, 러시아와 독일, 프랑스와 독일, 영국과 프랑스 등의 관계도 경제를 빼놓고 설명할 수 없습니다.
이 나라들 모두 20세기에 다툰 경험이 있음에도 불구하고 협력을 유지하는 가장 큰 이유가 경제인 셈이죠.

일본은 반성하지 않는 나라
법원의 배상 판결도 무시하는 나라
한국과 외교를 단절하라!
?
지난 과거는 다 잊자고요.

경제가 지정학에 미치는 영향에 대해서는 또 하나 살펴볼 것이 있습니다. 오늘날 세계적으로 많은 지역에서, 독립이나 자치권을 요구하는 갈등이 불거지고 있습니다.

차별받아 온 민족이 독립을 요구하는 경우가 다수입니다. 하지만, 최근 유럽에서는 경제적으로 부유한 지역이 독립이나 자치권을 요구하는 경우도 있습니다.

유럽 일부 분리 독립 희망 지역.

이탈리아 북부 지역은 남부에 비해 훨씬 부유합니다. 북부 이탈리아는 유럽 평균보다 소득이 높은 반면, 남부 이탈리아는 그에 많이 못 미칩니다. 벨기에의 플랑드르 지방, 스페인 바르셀로나가 속한 카탈루냐 지방도 부유한 곳입니다.

이 지역들 모두 독립을 요구하거나 자치권을 요구하고 있죠.

이탈리아 북부는 부자, 남부는 가난뱅이니까 북부만 파다니아 공화국으로 독립해야 하지 않겠어?
이탈리아 극우 정치인 움베르토 보시*
우리는 네덜란드어를 주로 사용하는데, 다른 지역은 프랑스어를 사용한다고. 그러니 자치권을 달라!
벨기에 플랑드르인
우리도 카탈루냐어를 사용하지. 게다가 역사적으로도, 정치적으로도, 지리적으로도 다르다니까. 그러니 독립해야 해.
스페인 카탈루냐인

* 움베르토 보시는 부유한 북부 이탈리아인들이 남부 이탈리아를 차별하는 주장을 이용해 파다니아 공화국을 세워 독립하자고 주장했다. 그러나 많은 사람들이 그를 비난하고 나서서 파다니아 공화국은 웃음거리로 사라지고 말았다.

종교와 문화
갈등과 분열의 프레임

종교 역시 지정학의 핵심 요소 가운데 하나입니다.

인류는 오래전부터 종교적 이유로 전쟁을 벌였습니다.

대표적인 것이 오늘날 유럽의 정치·종교·영토 구성에 큰 영향을 끼친 '30년 전쟁'입니다.

1618년부터 1648년까지 이어진 30년 전쟁은, 마틴 루터의 종교 개혁으로 인해 탄생한 신교(개신교)와, 이전부터 존재한 구교(가톨릭) 세력이 맞붙은 인류 최대의 종교 전쟁이었습니다.

그 전쟁으로 유럽 각국이 입은 피해는 상상을 초월했죠.

저는 '서로 사랑하라'는
예수님 말씀을 널리 퍼뜨리려
종교 개혁을 일으킨 건데, 뜻과는
달리 신교 세력과 구교 세력으로
나뉘어 서로 죽고 죽였으니
미안하기 짝이 없습니다.
마틴 루터

중동 지방의 이스라엘과, 팔레스타인을 비롯한 아랍 세계 역시, 죽고 죽이는 살상을 누구도 포기하지 않습니다.

기독교와 유대교, 이슬람교는 모두 아브라함을 조상으로 여깁니다.*

제삼자가 보기에는 같은 뿌리를 가진 종교인 셈이죠.

그러나 세 종교가 평화롭게 공존한 시기는 역사에서 찾아보기 힘듭니다.

* 〈두산백과〉 '아브라함' 항목 참조.

에밀 슈바이처(1837-1903) 작. 〈1349년 스트라스부르의 학살〉
당시 교황청은 예수를 십자가에 못 박은 유대인 때문에 흑사병이 창궐했다고 생각해, 그들을 학살했다.

우리가 이슬람과 같은 뿌리라고? 오, 하나님! 저들에게 벌을 내리소서.
주여!! 저들을 벌하소서!
우리를 가장 괴롭히는 게 기독교와 유대교야. 종교에 평화는 없어. 오직 순교만 있을 뿐!
기독교가 널리 퍼진 다음부터는 기독교도들이 우리를 못살게 박해하였다고.*
제2차 세계대전 때 당한 홀로코스트**를 우리 유대인들은 영원히 잊지 못해.

* 많은 사회에서 유대인의 토지 소유를 금지해, 그들은 고리대금업 등 금융업에 종사했는데, 이는 기독교 사회에서 손가락질의 대상이 되었다. 또 나치의 유대인 학살 이전에도 여러 번 유럽에서는 유대인 학살이 자행되었다.

** 제2차 세계대전 중 나치 독일이 자행한 유대인 대학살.

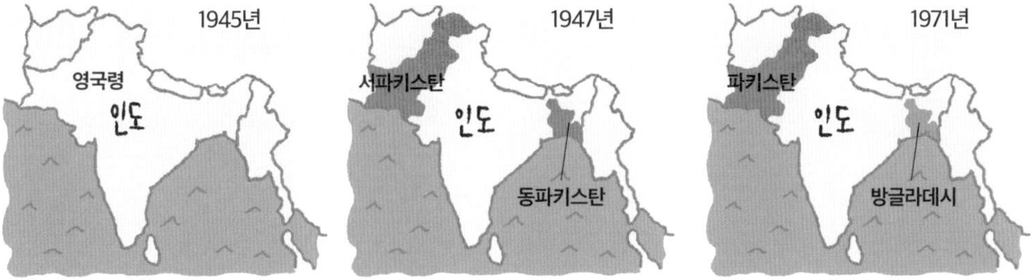

인류는 역사를 통해 평화를 배우지 못한 듯합니다. 지금도 세계 곳곳에서는 종교적 갈등으로 많은 사람이 죽거나 고통을 겪고 있으니 말입니다.

파키스탄과 방글라데시는 종교적 차이로 인도에서 독립하였습니다.

결국 종교 때문에 분단국가가 된 것이죠.

그 과정에서 많은 사람이 피해를 입었습니다.

오늘날에도 인도와 파키스탄, 방글라데시는 같은 뿌리인데도 적대적인 정책을 포기하지 않습니다.

마하트마 간디

민족과 그 민족의 고유문화, 즉 언어, 전통 등도 지정학에서 빼놓을 수 없습니다.

'유럽의 화약고'라고 불리는 발칸반도는 다양한 민족과 문화가 얽히고설킨 지역입니다.

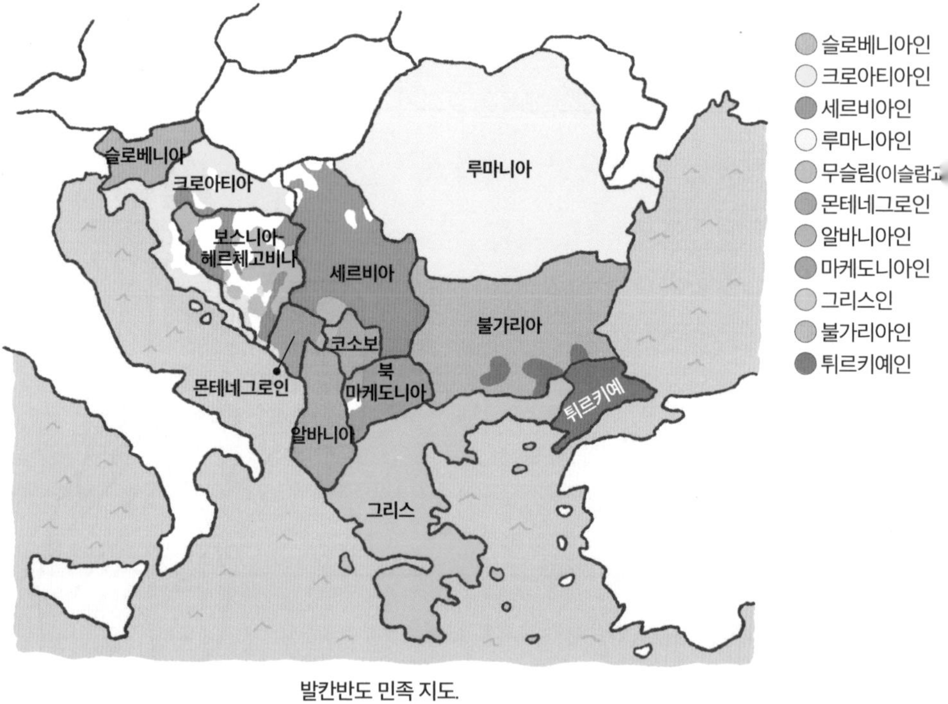

발칸반도 민족 지도.

지도에서 볼 수 있듯이 발칸반도에는 다른 종교에 다른 언어를 사용하는 여러 민족이 뒤섞여 살아가고 있습니다. 이들이 서로 이해하며 산다면 다양한 문화를 꽃피울 수 있겠지만, 자기 것을 고집한다면 갈등하고 상대를 배척할 수밖에 없습니다.

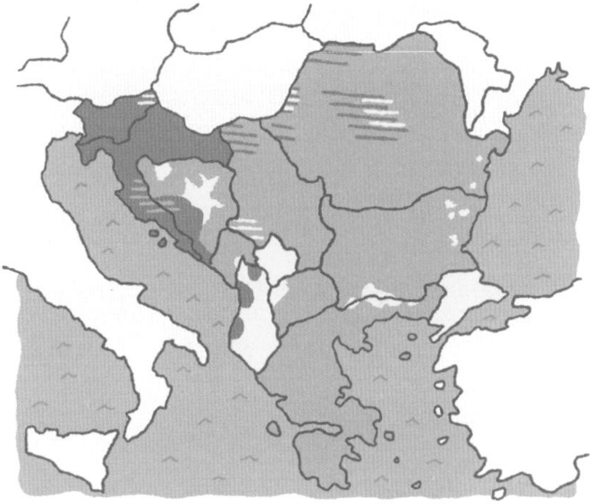

발칸반도 종교 지도.

가톨릭
이슬람
정교회*
개신교

다른 나라끼리는 두말할 나위도 없고, 한 나라 안에서도 다른 지역과 등 돌리고 살아가는 경우가 흔합니다. 그래서 지정학은 문화적 현상, 나아가 국민적 현상이라고 하는 학자도 있습니다.

* 기독교의 한 교파이며, 1054년 로마를 중심으로 하는 서방 교회와 분리되었다. 로마 교황을 승인하지 아니하며 교의 및 의식을 중시하고 상징적·신비적 경향이 강하다.

군사

강대국과 군사 동맹은 필수?

그 가운데서도 군사 동맹은 가장 중요한 요소일 것입니다.

군대야말로 적을 막고 공격하며, 우리 영토를 지키는 수단이니까요.

오늘날 미국은 전 세계에 수많은 곳에 군대를 배치하고 있습니다.

다른 나라들도 해외에 군대를 배치하는 경우가 있지만,

미국과는 비교할 수 없습니다.

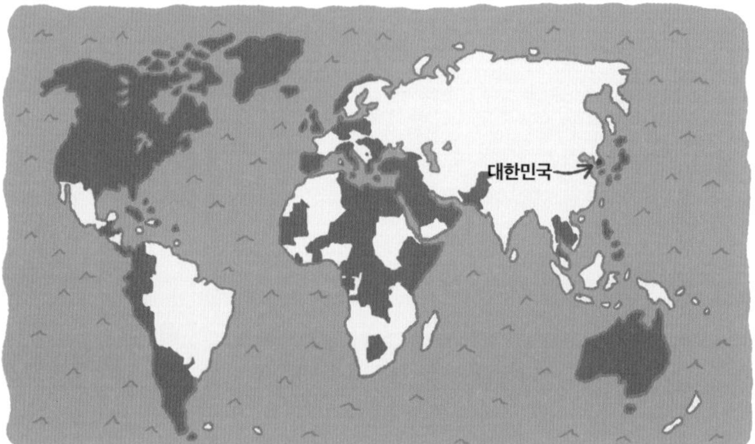

전 세계 주요 미군 배치 국가 현황.

(출처: 알자지라Al Jazeera, 2021년 기준)

미국은 전 세계 80개 이상 국가에 군대를 배치하고 있습니다.

그 가운데는 대한민국과 일본도 포함되어 있죠.

이렇게 미군 부대가 있는 나라가 정치·외교적으로

미국에 반대할 수 있을까요?

힘들 것입니다.

미국 역시 자신들에게 군사 기지를 제공한 나라들을

우선 지원할 테니까요.

미국이 세계 곳곳에 미군을 배치하는 이유는 명확합니다.
군사력 패권을 유지해야 초강대국으로서 전 세계를 선도할 수 있다는 신념을 가지고 있기 때문이죠.
맞습니다. 미국은 국제 질서를 군사력을 통해 해결하겠다는 생각을 갖고 있는 것입니다.

지정학은 이처럼 복잡한 것입니다.

한국인들은 잘 알 것입니다.

1950년 일어난 한국 전쟁은 북한이 남한을 공격한 전쟁입니다. 그래서 유엔군까지 참전해 침략을 받은 대한민국을 지원했죠. 그런데도 한반도는 결국 분단되고 말았습니다.

우리 모두
한반도를 위해
행동했어!
한반도 통일!
미국
중국
소련
그렇다면 왜 한반도는
오늘날까지 분단된 상태로,
여전히 갈등과 긴장이
지속되고 있는 걸까요?

현실에서는 정의가 무조건 승리하는 것도 아니요,

우리가 원한다고 되는 것도 아닙니다.

말 그대로 지정학적 계산이 정의를 이길 수 있는 것이 현실입니다.

3부

세계를 움직인 지정학자들

앨프리드 세이어 머핸

시 파워(Sea Power)

지정학이 탄생할 무렵, 현대 지정학에 큰 영향을 끼친 두 사람이 등장했습니다.

미국 해군 제독 출신인 앨프리드 세이어 머핸(Alfred Thayer Mahan, 1840–1914)과 영국 출신 지리학자이자 정치가인 해퍼드 존 매킨더(Sir Halford John Mackinder, 1861–1947)입니다.

역사 공부를 해 보니 바다를 장악한 세력이 세계를 장악하더군.
내 책 제목에 '시 파워(Sea Power)'라는 표현을 썼지. 그때부터 나는 지정학에서 빼놓을 수 없는 위~대한 인물이 되었다고!

앨프리드 세이어 머핸

미국 해군 사관 학교를 졸업한 머핸은 남북 전쟁에 북군으로 참전한 후 학자의 길로 들어섰습니다.

그는 역사를 공부한 끝에 해군력이 전쟁의 가장 중요한 요소임을 깨달았습니다.

그러고는《바다의 힘이 역사에 끼친 영향 *The Influence of Sea Power upon History, 1660-1783*》이라는 책을 썼습니다.

머핸은 제국주의자야. 그가 뭐라고 했는지 알아? '나는 제국주의자다. 서구 문명의 우월성은 야만이라는 사막에 있는 문명의 오아시스다.'
한마디로 서양, 특히 미국을 제외한 모든 곳은 야만족이라는 거잖아. 야만을 정복하는 것이 문명의 사명이라고 여겼어. 그게 제국주의자가 아니면 뭐야?
흥!
머핸?

19세기에 활동한 머핸은 스페인이나 포르투갈, 영국처럼 대항해시대*에 발전한 나라들이 모두 바다와 해군을 이용해 전 세계를 지배했다고 주장했죠. 그의 주장은 그 무렵 세계로 진출하고자 했던 여러 강대국에 영향을 끼쳤습니다.

아, 머핸?
난 그에게 만찬을 베풀었어. 영국이 세계 각국을 지배한 것은 시 파워가 강했기 때문이라고 했거든. 우리나라가 훌륭하다는 말 아니겠어?
머핸이야말로 셀럽이지! 독일 해군이라면 모두 머핸 책을 읽어야 해.
오~ 머핸 말이지,

영국 빅토리아 여왕

독일 제국
빌헬름 2세 황제

* 15세기에서 16세기에 걸쳐 유럽인들의 신항로 개척이나 신대륙 발견이 활발하던 시대. 콜럼버스, 마젤란, 바스쿠 다가마 등이 이때 활동했다.

머핸의 이론은 그 무렵 막 강대국으로 성장하던 미국에 큰 영향을 끼쳤습니다. 그의 주장을 제국주의적이라고 비판하는 사람들도 있었지만, 많은 사람은 그의 주장을 따랐습니다.

나는 머핸의 책을 읽고 나서, 그의 열렬한 추종자가 되었어. 그의 말을 들어야 다른 나라들처럼 식민지도 얻고 강대국을 만들 수 있다고 여겼지.
미국 제26대 대통령 시어도어 루스벨트
맞아. 우리도 식민지를 건설하려면 해군을 강하게 키워야 해.
일본 정치인

해퍼드 존 매킨더

랜드 파워(Land Power) - 하트랜드(Heartland)

한편 19세기까지 영국은 '해가 지지 않는 나라'라고 불렸습니다. 전 세계에 식민지를 소유했기 때문이었습니다.

봤지?
영국 영토 위에
해가 지는 순간은
없다고.

한때 대영 제국의 일부였던 영토.

그러나 19세기 후반에 들어서면서, 영국은 날이 갈수록 궁지에 처해 갔습니다.

유럽에서는 독일, 러시아, 프랑스 등이 힘을 키우고 있었죠.

그 무렵 제국주의자들에게는 무주공산이나 다름없던 아프리카를 두고 벌인 싸움에서도, 영국은 큰 성과를 거두지 못했습니다.

다른 곳은 몰라도 아프리카 땅은 우리가 가장 많이 먹어야지~
아프리카에서는 경쟁에서 밀리네.
스페인
프랑스
이탈리아
영국
독일
포르투갈
벨기에
이제부터 우리도 식민지를 더 가져야겠어.
벨기에도 빠질 수 없지.

유럽 각국의 아프리카 식민지 지도.

그뿐이 아닙니다.

아메리카 대륙에서는 본래 영국 식민지였던 미국 땅도 잃었고,

남아메리카에서도 식민지를 얻지 못했습니다.

카리브해에서도 미국 영향력이 확대되면서, 영국은 북아메리카와

라틴아메리카에서 영향력을 행사하지 못했습니다.

이런 시대적 변화를 보고 새로운 주장을 내세운 인물이 나타났는데,

바로 영국인 해퍼드 존 매킨더입니다.

시 파워는
한물갔어 이제.

해퍼드 존 매킨더

매킨더는 머핸이 말한 '시 파워'의 시대는 저물고 있다고 여겼습니다. 시 파워에 의존하던 영국이 점차 약해지는 것 역시 이 때문이라고 판단했죠. 그래서 시 파워에 대비해 대륙의 중요성을, 즉 '랜드 파워(Land Power)'를 강조했습니다.

하트랜드
이곳이 앞으로
세계의 중심이 될 거야.
이곳을 차지하는 나라가
세계를 좌우하게
되는 거지.

그가 사용한 대표적인 용어가 '하트랜드(Heartland)'입니다.

우리말로 '핵심 지역(심장 지역)'을 뜻하는 하트랜드는 유럽과 아시아를 연결하는 대륙, 즉 유라시아 북부 지역입니다. 오늘날 동유럽에서 시베리아에 이르는 드넓은 지역이죠.

시베리아 횡단철도를 통해 이곳 자원이 개발되고, 유럽에서 아시아 동부에 이르는 지역을 연결하면, 유럽 서쪽 끝에 있는 영국은 소외될 것이라고 여겼습니다.

그때부터 사람들은 머핸의 '시 파워'에 대비해 '랜드 파워'라는 용어를 사용하기 시작했습니다.

그때까지 유라시아와 멀리 떨어진 미국이나, 시 파워에 열광하던 영국 등에서는 그의 주장에 귀를 기울이지 않았습니다.

그러나 그의 주장에 관심을 두는 사람도 있었습니다.

프리드리히 라첼과 카를 에른스트 하우스호퍼

레벤스라움(Lebensraum)

독일 군인이자 지정학자인 카를 에른스트 하우스호퍼(Karl Ernst Haushofer, 1869–1946)는 아버지 친구이자 지리학자인 프리드리히 라첼(Friedrich Ratzel, 1844–1904)에게서 영향을 받았습니다. 라첼은 '레벤스라움(Lebensraum)'이라는 개념을 지정학에 도입한 것으로 유명합니다.

독일어로 '생활권(생존 공간)'을 뜻하지. '레벤스라움'이라는 단어를 처음 만든 것은 생물학자인 오스카 페셸이야. 나는 그 용어를 지정학에 도입했지.
국가는 국민에게 충분한 레벤스라움을 제공하는 것이 중요해. 그러니 더 넓은 영토, 더 많은 인구를 갖는 나라가 되어야 한다고.

프리드리히 라첼

라첼은 서양에서 건너간 미국인들이 인디언 영토를 확보한 것처럼, 슬라브족이 거주하던 지역과 동유럽을 확보하는 것이 독일에 유리하다고 주장했습니다.

라첼은 우월한 게르만족 국가가, 열등한 슬라브족 국가를 지배하면서 확장해야 한다고 여겼어. 제국주의적 시각을 주장한 것이지.

라첼을 통해 지정학을 배운 하우스호퍼 역시, 독일을 어떻게 하면 강대국으로 만들까 고민했습니다.
그 결과 라첼의 '레벤스라움'이라는 개념을 더욱 확장해 나갔죠. 매킨더가 말한 유라시아 대륙을 지배하는 것이야말로 세계의 강대국으로 가는 길이라고 여겼습니다.
특히 하우스호퍼는 자신의 이론을 히틀러에게 강의한 것으로 유명합니다.

유라시아를
정복하는 자가 세계를
정복한다고. 알겠어?
정복
그럼 식량도,
무기 생산도 자급자족이
가능하지. 그러려면 독일과
소련이 먼저 손을 잡은 후
일본과도 협력해야 세계를
정복할 수 있다네.
알겠습니다.
드디어 세계 정복의
꿈을 이룰 수 있겠군요.
카를 에른스트 하우스호퍼
아돌프 히틀러

이때부터 지정학은 나치의 전략으로 통하게 되었습니다.

세계 정복에 나선 히틀러는, 하우스호퍼에게서 배운 것 가운데 자기 입맛에 맞는 것만 받아들였습니다.

하우스호퍼 말대로 소련과 손을 잡긴 잡았는데, 하찮은 슬라브족이 넓은 땅을 차지해 낭비하느니, 우리가 갖는 게 낫겠더라고.
흐음..
그래서 소련을 공격한 거지!
휴, 히틀러는 모자란 녀석이야.
나는 지리적 공간을 중시했는데, 인종적 편견을 내세워 소련을 공격하다니! 이제 너와는 끝이다.

결국 히틀러가 이끄는 독일 나치는 제2차 세계대전에서 패했고, 히틀러는 자살로 끝을 맺었습니다.

하우스호퍼 역시 제2차 세계대전 후에 열린 뉘른베르크 전범 재판*에서 전범으로 처벌받을 것이 분명해지자, 스스로 목숨을 끊었습니다. 놀라운 사실은 그의 아들이 히틀러 암살 계획에 연루되었다는 것입니다.

그리고 제2차 세계대전 이후 '지정학'이라는 단어는 세계적으로 금기어가 되었습니다. 지정학은 곧 나치의 세계 정복 계획으로 인식되었기 때문입니다.

이제 지정학의 '지'자도 꺼내지 마세요.
지정학

* 제2차 세계대전 후에 연합국이 독일 뉘른베르크에서, 독일의 주요 전쟁 범죄자를 처벌하기 위하여 국제적으로 행한 군사 재판소의 재판. 1945년 11월부터 10개월간 행한 이 재판에서 기소된 24명 가운데, 사형 12명을 포함해 19명이 유죄 판결을 받았다.

그러나 이는 '눈 가리고 아웅' 하는 격이었습니다.

지정학이라는 단어는 사용하지 않았지만, 제2차 세계대전을 거치면서 지리와 국제 정치의 관계가 중요하다는 사실을 많은 사람이 깨달았기 때문입니다.

자국의 이익을 위해선
반드시 알아야겠어!

그들은 각국이 어떤 전략을 세웠는지, 소련이 왜 중요한지, 미국이 어떻게 승리할 수 있었는지 등을 확인하면서 지정학의 중요성을 파악했습니다.

그에 덧붙여 향후 세계 질서 역시 지정학적 요인에 의해 영향받을 것이라고 여겼습니다.

니컬러스 존 스파이크먼

림랜드(Rimland)

제2차 세계대전이 채 끝나기도 전에 미국의 한 학자가 놀라운 발표를 했습니다.

전쟁이 끝나면 미국의 적은 소련이 될 것입니다. 그러니 독일, 일본과 손을 잡고 소련을 견제해야 합니다.
이게 무슨 소리야?
유럽·미국·소련이 한편이 되어 독일·일본과 싸우고 있는데, 적과 손을 잡으라고?
저 친구 아무래도 정신이 나간 모양이구만.

니컬러스 존 스파이크먼

예일대학교에서 국제 관계를 연구하던 니컬러스 존 스파이크먼(Nicholas J. Spykman, 1893–1943)은 '림랜드(Rimland)'라는 또 다른 개념을 주장했습니다. '가장자리'를 뜻하는 'rim'과 '땅'을 뜻하는 'land'를 연결한 림랜드는, 매킨더가 주장한 하트랜드에 대비되는 지역이었습니다.

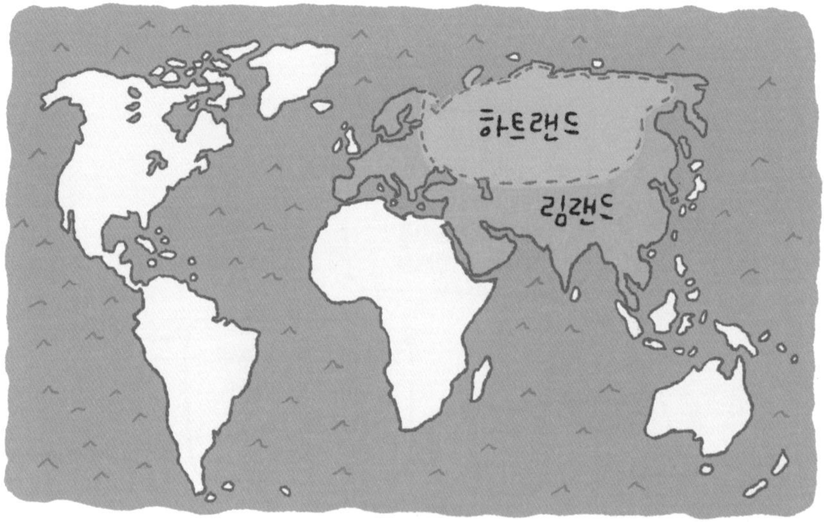

림랜드는 하트랜드를 둘러싸고 있는 주변 지역을 말하지. 주변 지역에 속하는 독일과 일본이, 하트랜드인 소련을 공격한 것이 제2차 세계대전이야.
하트랜드가 세계를 지배하게 두어선 안 돼. 전쟁이 끝난 후에는 독일과 일본을 지원해야, 하트랜드에 속하는 소련을 견제할 수 있어.
그리고, 중요한 사실! 내가 죽고 나서 50년 뒤, 세계의 강대국은 미국과 소련, 중국과 인도가 될 거야. 놀랍지?

스파이크먼은 1943년에 사망하였습니다.

그가 사망한 후 그의 주장은 미국인들에게 많은 공감을 불러왔죠.

하지만 모두 그의 의견에 동조한 것은 아니었습니다.

오늘날 미국이 전 세계에 군사 기지를 운영하고, 분쟁에 개입하는 것 역시 스파이크먼이 꿈꾼 것이라고!
제목만 보면 평화주의자인 줄 알겠어. 오히려 평화를 멀리한 사람인데 말야.
스파이크먼이 쓴 책 제목이 뭔 줄 알아? 《평화의 지정학The Geography of the Peace》이야.
THE Geography of the peace
많은 지식인들이 UN 같은 국제 정부 설립을 꿈꿀 때 그는, 힘이 더 중요하다 생각했지. 또 세계에서 미국이 주도권을 행사해야 한다고 했어.
그러려면 소련과 중국을 견제하고, 태평양과 대서양에서도 미국의 영향력을 확대해야 한다고 말했지. 한마디로 미국이 전 세계를 살펴야 한다고 여긴 거야. 나치와 뭐가 달라?

4부 지정학은 현실입니다!

지구는 거대한 체스판

제2차 세계대전이 끝나자 평화가 찾아올 거라고 믿은 사람이 많았습니다. 많은 정치인, 외교관, 학자들이 모여 항구적인 국제 평화와 안전 보장을 위해 세계적인 기구인 UN(United Nations)을 만든 것도, 지구상에 평화를 염원했기 때문입니다.

나는 1945년 10월 24일 설립됐지. 전쟁 방지, 평화 유지, 정치·경제·사회·문화 등 모든 분야의 국제 협력 증진을 위해서야.
그런데 내가 있는데도 세계는 왜 늘 싸우는 걸까? 내가 역할을 제대로 못해서 그런가?
하아

많은 이들의 바람과는 달리 지구상에 평화는 찾아오지 않았습니다.

지구상 곳곳에서는 전쟁과 갈등이 끊이지 않았습니다.

자신들의 이익을 위해서는 어제의 동지를 적으로 대하고,

적과 손을 잡았죠.

대표적인 지역이 바로 한반도였습니다.

1950년 6월 25일 북한의 침략으로 한국 전쟁이 일어났습니다.

그런데 그 전쟁에서, 북한과 남한은 홀로 싸우지 않았습니다.

북한은 소련과 중국의 지원을 받았고, 남한은 미국을 중심으로 한

UN군의 지원을 받았습니다.

그리고 결과는 한반도의 분단이었습니다.

우리의 통일에
관심이 있는 이가
얼마나 될는지….

그래서 〈우리의 소원은 통일〉이라는 노래가 널리 불릴 만큼 우리에게 통일은 중요한 과제입니다.
그렇다면 세계는 한반도가 통일되기를 바랄까요?
이에 대해 구체적으로 자신의 의견을 드러낸 한 사람이 있었습니다.

즈비그뉴 브레진스키(Zbigniew Kazimierz Brzeziński, 1928–2017)는 지정학을 전공한 학자이자, 미국의 국제 전략을 책임진 정치가였습니다.

그는 "미국은 최초의 진정한 세계 초강대국일 뿐만 아니라 유일한 세계 초강대국이고, 마지막 세계 초강대국이다."라고 말했습니다.

난 대학교수였다가 미국 제39대 대통령인 지미 카터 행정부에서 국가 안보 담당 보좌관을 지냈지. 그때 미국의 외교정책을 지휘했어.
그 후 공직에서 물러나 다시 국제 정치를 연구하다가 세상을 떠났지.

즈비그뉴 브레진스키

우리가 그의 이야기에 귀를 기울이는 것은, 그가 미국의 실질적인 외교 전략을 수립·집행했으며, 오늘날까지 그 영향이 이어지기 때문입니다. 또 그는 우리나라가 위치한 동아시아에 대해서도 깊이 있게 들여다보았습니다.

그럼 브레진스키의 이야기를 들어 볼까요?

내가 쓴 《거대한 체스판》이라는 책은 21세기에도 유명해. 어느 정도냐고? 책 제목이 오늘날 세계의 지정학을 설명하는 용어가 될 정도랄까?
제목이 재미있지? 검색해 봐. 수많은 글에 '거대한 체스판'이라는 용어가 등장할걸? 난 지정학을 지구 전체를 놓고, 먹고 먹히는 장기판, 바둑판, 체스판과 같다고 여겼거든.
거대한 체스판
ZBIGNIEW BREZINSKI
E GREAT CHESS BOARD
'거대한 체스판' 같은 세상의..
사회의 '거대한체스판'
지정학적 관점에서 본 '거대한체스판'은 여전히

너무한 거 아니냐고? 외교에 정의가 있다고 말하는 사람이 거짓말쟁이야. 나처럼 솔직해야 정직한 학자지. 강대국은 체스판의 '왕'이요, 약소국은 체스판의 '졸'에 불과해.
그것도 모르면서 외교에 나선다면, 반드시 실패할 수밖에 없어. 지금부터 내가 하는 말을 잘 들어 봐.
우선 21세기, 온 세계를 떠들썩하게 만든 우크라이나에 대해 살펴볼까? 우크라이나는 지정학적 요충지야. 러시아의 전략에 결정적이지. 그래서 우크라이나를 사이에 두고 러시아와 미국은 충돌할 수밖에 없어.

우크라이나 없는 러시아는, 유럽이 아니라 아시아에 불과하지. 우크라이나가 나토에 가입한다면 당연히 러시아가 가만 있지 않겠지?
러시아
우크라이나
러시아 주변 모든 나라가 우크라이나처럼 러시아 영향권에서 벗어나려고 할 테니까. 그럼 결국 러시아는 힘없는 나라로 전락할 텐데, 어떤 지도자가 그걸 용납하겠어?
어때? 21세기에도 내 판단이 가장 타당할걸?

자, 다음으론 동아시아에 대해 설명해 볼게.
몽골
북한
대한민국
일본
중국
대만
동아시아 지정학의 핵심은 중국이야. 중국이 강대국이 된다면, 미국을 비롯해 주변 나라들과 갈등을 일으키겠지. 게다가 한국은 미국과 중국 경쟁의 핵심 지역이야. 그래서 미군이 한국에 계속 주둔하는 것이 중요해.
그런데 만일 한국이 통일된다면 어떨까? 내가 책에 쓴 내용 한번 볼래?

어떠한 형태로든 미국의 군사적 반경이
극동에서 위축되는 것은 유라시아의
안정적인 세력 균형을 더욱 어렵게
만들 것이다. 따라서 이러한 고려는
한국을 현상 유지시키는 것이 좋다는
미국과 일본의 이해관계를
높여 줄 것이다.
무슨 뜻인지
알겠지?

* 《거대한 체스판》, 즈비그뉴 브레진스키 지음, 김명섭 옮김, 삼인, 245-246쪽.

도미노 이론

앞서 살펴본 것처럼 지정학이 탄생한 후 많은 사람이, 세계를 지정학적으로 설명하기 위해 여러 용어를 사용했습니다.

'시 파워', '랜드 파워 – 하트랜드', '거대한 체스판'처럼 말이죠.

그 용어들의 설명을 보면 모두 맞는 것처럼 보입니다.

과연 그럴까요?

또 하나의 지정학적 용어를 살펴보죠.

'도미노 이론'이라는 것이 있습니다.

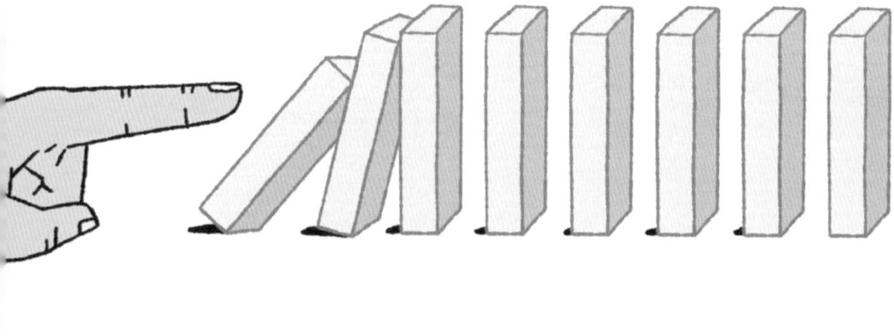

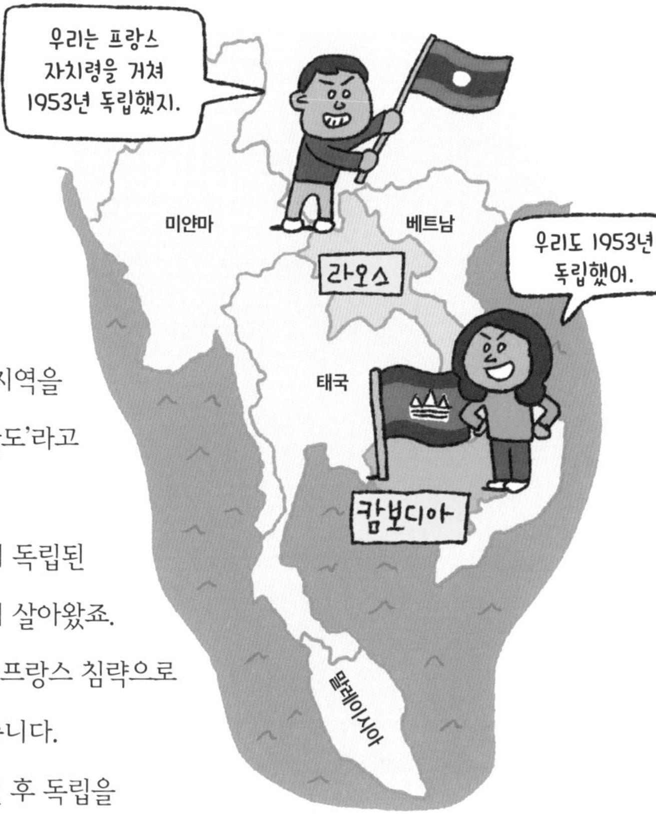
우리는 프랑스
자치령을 거쳐
1953년 독립했지.
미얀마
베트남
라오스
우리도 1953년
독립했어.
태국
캄보디아
말레이시아

베트남, 캄보디아,

라오스 등이 자리한 지역을

가리켜 '인도차이나반도'라고

합니다.

이 지역은 오래전부터 독립된

문명과 역사를 갖추며 살아왔죠.

그러나 19세기 후반, 프랑스 침략으로

식민지가 되고 말았습니다.

그 후 제2차 세계대전 후 독립을

이루고자 했으나, 프랑스는 순순히 내줄 마음이 없었습니다.

결국 이들은 독립 전쟁에 나섰습니다.

그 가운데서도 가장 격렬히 저항한 나라는 베트남이었습니다. 1945년 베트남이 독립을 선언했지만, 프랑스는 인정하지 않았죠. 결국, 프랑스가 공격에 나서 제1차 인도차이나 전쟁이 발발했습니다. 그러나 9년 후인 1954년, 프랑스는 디엔비엔푸 전투에서 크게 패한 후 인도차이나반도에서 철수하였습니다.

와, 우리가
승리했다!
디엔비엔푸

그해 7월, 제네바에 모여 캄보디아, 라오스, 베트남의 독립을 프랑스가 승인하였습니다. 이를 '제네바 협정'이라고 합니다.

하지만 베트남의 독립은 달랐습니다. 또 다른 비극이 싹트고 있었죠.

북위 17° 선을 경계로 남과 북이 분단되었고, 이렇게 나눈 휴전선은 잠정 군사 경계선으로, 2년 뒤 통일 선거를 실시하기로 합의했습니다. 그러나 공산주의 북베트남과 달리 미국의 지원을 받았던 남베트남은 선거를 거부했습니다.

당시 남베트남 응오딘지엠(Ngô Đinh Diêm) 정권은 부정부패로 국민들로부터 원성이 자자했죠.

북베트남
북위 17°
남베트남
왜 선거를 거부했냐고? 그야 선거를 하면 당연히 내가 떨어질 테니까.
응오딘지엠

이때 미국이 응오딘지엠 정권을 지원한 근거가 '도미노 이론'이었습니다. 도미노 이론은 미국 제34대 대통령 아이젠하워 정부에서 국무장관을 지낸 존 포스터 덜레스(John Foster Dulles, 1888-1959)가 주장한 것입니다. 국어사전을 보면 이렇게 쓰여 있습니다.

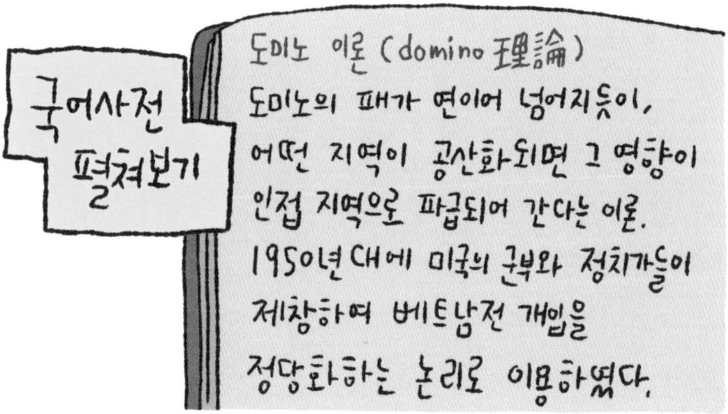

국어사전 펼쳐보기
도미노 이론 (domino 理論)
도미노의 패가 연이어 넘어지듯이,
어떤 지역이 공산화되면 그 영향이
인접 지역으로 파급되어 간다는 이론.
1950년대에 미국의 군부와 정치가들이
제창하여 베트남전 개입을
정당화하는 논리로 이용하였다.

베트남이 공산화되면 캄보디아, 라오스를 비롯해 동남아시아 전체가 공산화되지.
이게 바로 내가 주장한 '도미노 이론'이야. 그러니 남베트남의 응오딘지엠 정부가 아무리 부패하고 무능해도 도와주어야 해.

존 포스터 덜레스

그러나 오늘날 그 이론을 수용하는 학자나 시민은 거의 없습니다. 국경을 맞대고 있는 나라들 가운데는 평화롭게 공존하는 나라도 많고, 갈등을 겪는 경우도 많지만, 옆 나라를 따라 다른 나라가 변하는 사례는 오늘날 보기 힘들기 때문입니다.

그래서 도미노 이론은 설 자리가 없습니다.

그런데도 국어사전에 등장할 만큼 유명한 이론이 되었습니다.

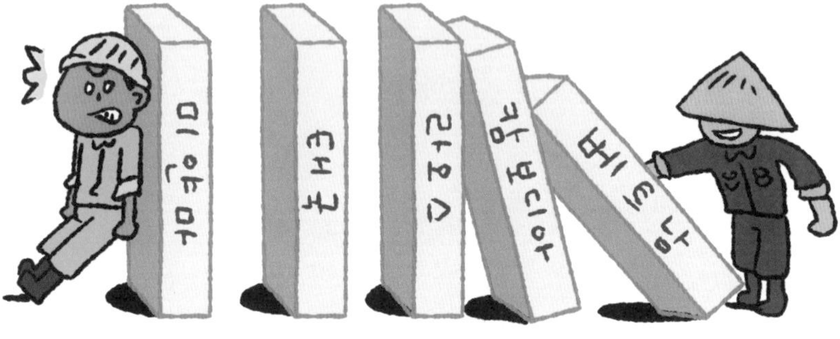

이처럼 지정학을 설명하는 이론도, 자신들의 이익을 위한 도구에 불과한 경우가 흔합니다.
특히 강대국이 주장하면, 약소국들은 대놓고 반대하기가 쉽지 않습니다.
따라서 세계를 이해하고자 한다면, 어떤 주장을 무조건 받아들여서는 안 됩니다.
그보다는 다양한 의견과 주장을 검토한 후 스스로 판단하는 것이 중요합니다.

지정학에서 정의란?

많은 사람이 말합니다.

“국제 사회에 정의는 없습니다. 오직 자국의 이익에 따라 행동할 뿐입니다.”

이 말을 옳다고 여기는 사람이 많습니다.

어떤 사건이나 전쟁이 일어나면, 우리는 누가 옳고, 누가 그른지를 따지는 척합니다.

그러나 실제로는 대부분의 언론과 시민이 우리와 친한 나라 편을 듭니다.

옳고 그르고를 따지기 전에 말이죠.

우리 땅
저 나라가 침략했으니, 저 자들이 나빠.
침략할 빌미를 제공한 나라가 바보지! 저 나라는 어쩔 수 없었다니까.

강대국은 자신들의 행동을 정의로운 것으로 포장하는 짓도 서슴지 않습니다.

반대로 약소국은 불의에 저항해도, 잘못했다고 질책받기 일쑤입니다.

이처럼 국제 사회는 힘과 계산에 의해 움직이는 경우가 흔합니다.

그렇다고 정의를 내팽개친 채 내 이익만 챙겨서도 안 됩니다. 그건 인류가 가야 할 길이 아니니까요.

이처럼 지정학, 그리고 외교 정책이라는 것은 참으로 어려운 일입니다.

국제 관계에 좋은 나라, 나쁜 나라는 없어. 모두 자기 이익에 따라 행동할 뿐이지.
쯧…. 정의도, 기준도 없구나.
자기가 좋아하는 나라가 침략하면 어쩔 수 없다고 하더니, 싫어하는 나라가 침략하니 나쁘다고 하고, 모두가 멋대로 판단하는구나.

지정학에서는 ‘정의’라는 단어도 상황에 따라 뜻이 변합니다.

나와 친한 나라가 침략을 받으면, 당연히 그 나라를 지지합니다.

그렇다면 나와 친한 나라가 침략자가 되면 어떨까요?

아프리카 북서쪽에는 ‘서사하라’라는 곳이 있습니다. 본래 스페인이 지배하던 이곳은 1975년, 독립을 선언했죠.

그러나 북부 모로코와 남부 모리타니는 이 땅을 침략하면서, 서사하라의 독립을 막았습니다.

어딜 감히!
모로코
서사하라
모리타니
우리도
두고 볼 순 없지!

이에 서사하라 주민들은 무장 투쟁에 나섰고, 모리타니는 결국 철수했습니다.

하지만 스페인이 지배하기 전 이 땅의 소유국인 모로코는 물러날 뜻이 없었습니다.

결국 서사하라 주민들은 '사하라 아랍 민주공화국'을 세우고 모로코에 저항하기 시작했습니다.

이게 우리 땅인데,
모로코가 불법 점령하고
장벽을 세우고 있다니까.
우리
땅이야.
그래서 우리 영토가 이렇게
줄어들었어. 심지어 줄어든
영토도 나라로 인정하지
않는 나라가 많다고.
모로코
알제리
서사하라
모리타니

모로코 실효 지배중.

서사하라를 승인한 나라들
강대국 가운데 우리나라를 승인한 곳은 거의 없어. 모두 자기들 이익에 따라 행동하니까. 그런데도 그들은 늘 '정의'를 외치고 있지.
우리도 모로코 편입니다. 왜냐고요? 절대 모로코의 에너지와 자동차 시장 때문이 아닙니다. 정의롭기 때문이지요. 하하!
일본 정치인

오늘날 서사하라를 국가로 승인한 나라는 80여 곳에 이릅니다. 하지만 모로코와의 관계를 중시하는 수많은 나라는, 서사하라를 국가로 인정하지 않습니다.

UN은 이렇게 선언했습니다.

모로코를 서사하라의
적법한 점령자로
승인할 수 없다.

그렇지만 UN의 선언 역시 자국의 이해관계를 중시하는 나라들에게는 휴지 조각에 불과합니다.

유럽 연합은 모로코와 전략적 파트너십을 맺고 있습니다.

침략한 나라를 비난해 오던 유럽 국가들 역시 자국의 이익 앞에서는 입을 다물 뿐입니다.

오늘날 지구 전체는 일일생활권이 되었습니다.

과거에는 평생 구경도 못 할 나라를, 반나절 만에 방문할 수 있죠.

그 결과 지구상에 존재하는 모든 나라가 우리와 밀접한 관계를 맺게 되었습니다.

우리 조상님들은 '핀란드'라는 나라 이름도 못 들어 보았을 텐데, 나는 밥 두 번 먹고 나니 도착했어!
ARRIVAL
WELCOME TO HELSINKI
비행기에서 보니 북극해가 보이더라고. 북극해는 앞으로 동아시아와 서유럽을 잇는 바닷길이 될 거래.

세계 그 어떤 나라도 이제는 무시할 수 없게 된 것입니다.

선진국일수록 지정학 공부에 힘을 기울이는 까닭이 여기에 있습니다.

다른 나라의 외교 전략과 계산을 파악하지 못하면, 나라 운명과 민족의 미래를 지키기 어려울지 모르니까요.

5부

눈에 보이지 않는 지정학

스포츠도 지정학이다

스포츠는 오늘날 전 세계인이 즐기는 축제입니다. 세계적인 스포츠 축구부터 야구, 배구, 농구, 럭비, 나아가 태권도, 수영까지 지구인들은 다양한 스포츠를 즐기고 있습니다.

그리고 여러 스포츠 대회를 통해 우의를 다집니다. 나라와 민족끼리 갈등을 해소하고 평화롭게 살자는 뜻을 함께하는 것이죠.

그래서 '스포츠는 정치로부터 분리한다'는 것이 바로 스포츠 정신입니다.

만세!
예이!
우리는?

국제올림픽위원회(IOC) 헌장에는 다음과 같은 내용이 기재되어 있습니다.

★ 올림픽 이념의 기본 원칙 6 ★

올림픽 헌장에 명시된 권리 및 자유는 인종, 피부색, 성별, 성적 지향성, 언어, 종교, 정치적 또는 기타 의견, 민족 또는 사회적 출신, 재산, 출생 또는 기타 신분 등 **어떠한 종류의 차별 없이** 향유할 수 있도록 보장되어야 한다.

⋮

★ 올림픽 헌장 제6조 올림픽대회 ★

1. 올림픽대회는 **국가 간의 경쟁이 아닌** 개인전 또는 단체전을 통한 선수들 간의 경쟁이다.

⋮

그러나 올림픽 이념과는 달리, 올림픽에 정치적 영향력이 크게 미친다는 사실을 모르는 사람은 거의 없습니다.

올림픽을 비롯한 스포츠 역시 지정학의 영향력 아래 놓여 있는 셈입니다.

쿠르드족은 튀르키예와 이란, 이라크, 시리아 주변 넓은 땅에 거주하고 있어. 그래서 이곳을 '쿠르디스탄'이라고 부르지. '쿠르드족의 땅'이라는 뜻이야.
근데 왜 우린 올림픽에 못 나가는 거야? 어떠한 차별도 받아선 안 된다며. 그럼 우리도 나가게 해 줘야지. 우리 쿠르드족을 세계에 알릴 기회조차 없다고!
쿠르드족 거주 지역 (총 3600~4560만 명)
쿠르드족 거주지.
튀르키예
시리아
이라크
이란
올림픽이 국가 간 경쟁이 아니라고? 말도 안 되는 소리!
우리는 가난한 나라 선수에게 많은 돈을 주고 우리 국적으로 바꾸게 했어. 이제 그 선수가 금메달을 따면 전 세계가 우리나라를 알게 될 거야, 음하하!
으하하!

쿠르드족만의 문제가 아닙니다.

지구상에는 수많은 분쟁 지역이 있습니다.

그러나 그 분쟁의 당사자가 약소국이나 약소민족인 경우에는 아무도 신경 쓰지 않습니다. 자신들의 이익과 관련 없기 때문이죠.

'국제축구연맹(FIFA)'을 모르는 분은 거의 없을 것입니다.

월드컵 축구대회를 개최하는 단체죠. UN 사무총장보다 더 힘 있고 유명한 사람이 FIFA 회장일지도 모릅니다.

그렇다면 '독립축구협회연맹(CONIFA)'은 들어 보셨나요?

세계 곳곳에 산재한 다양한 단체가 모여 만든 국제적인 축구 조직입니다.

이곳에는 미승인국, 소수민족, 망명 정부, 속국(屬國)* 등 자신들의 국가 또는 민족적 정체성을 국제적으로 인정받지 못하는 단체들이 속해 있습니다.

* 법적으로는 독립국이지만, 실제로는 정치나 경제·군사 면에서 다른 나라에 지배되고 있는 나라.

그들 역시 당당히 국제적으로 지위를 인정받고, 월드컵에도 출전하고자 합니다. 그러나 현실적으로 불가능하죠.

그래서 그들만의 리그를 만든 것입니다.

현재 독립축구협회연맹 회원국은 40개가 넘습니다.

그 가운데는 재일 조선인 축구 대표팀(United Koreans in Japan)도 있습니다.

일본에 거주하는 대한민국 국적, 북한 국적, 그리고 일본 국적의 한반도 출신들이 모인 조직입니다.

우리는 '2016년 압하지야에서 열린 제2회 CONIFA 월드 풋볼컵'에서 8강에 올랐어.
국기는? 한반도기를 앞세워 출전했지.

우리나라 시민 가운데 독립축구협회연맹 회원국이 겪고 있는 아픔에 관심을 갖는 사람은 별로 없습니다.

우리 일이 아니라고 여기기 때문입니다.

그러나 다른 약소국이 겪는 아픔을 외면한다면, 우리가 아픔을 겪을 때 아무도 관심을 기울이지 않을 것입니다.

난 고종 황제 밀사로, 헤이그에서 열린 만국평화회의에 파견됐지. 일본의 불법 침략을 알리기 위해서.
하지만 일본측 방해로 회의에 참석도 못 했지.
더욱 화가 난 건 전 세계 대표들이 정의를 외치면서 그 누구도 일본의 불법적 행동을 비판하지 않았다는 거야.
너무 분해서 조선의 억울한 상황을 세계에 알리기 위해 순국의 길을 택할 수밖에 없었어.
YI JUN PEACE MUSEUM

이준 열사

지정학의 한계

오늘날 지정학을 눈에 보이는 영토와 나라에 국한된 이론으로 보는 것은 적절하지 않다는 의견도 많습니다.

왜 그럴까요?

정치인, 외교관, 나아가 언론이 평범한 시민들을 상대로 전하는 말과 글, 영상 속에도 지정학이 담겨 있기 때문입니다.

우리 조선은 국제 경쟁이 심하지 않을 때도 독립을 유지하지 못했다. 하물며 지금은 세계대전으로 인하여 전 세계가 바뀌는 시점이다.
그런데, 우리가 이 좁은 땅과 부족한 인구로 독립을 외치는 것이 얼마나 허망한가.

이완용

누구나 입으로는 정의와 진실을 말합니다.

그러나 어떤 정치인이나 언론도 지정학으로부터 자유롭지 않습니다.

대한민국에서 사는 학자, 정치인, 언론은 대한민국이 처한 현실에서 벗어나 이야기하기 어렵습니다.

미국이나 일본, 러시아, 프랑스, 이스라엘 학자, 정치인, 언론 역시 마찬가지입니다.

그러다 보면 자기주장을 합리화하기 위해 견강부회하는 경우도 흔합니다.

이완용이야말로 애국자야. 지정학적으로 조선은 독립을 유지할 수 없었으니, 잘살 수만 있다면 일본과 손잡는 것도 괜찮잖아?
일본에게 지정학은, 조선을 빼앗기 위한 핑계에 불과했어. 좋은 옷 입고 잘살아도 나라를 빼앗겼다면, 부잣집 노예와 뭐가 다르겠어?

일제 강점기에 친일파들이 주장한 것처럼, 조국을 갖는 것보다 잘사는 것이 중요하다고 여기는 사람이 오늘날이라고 없을까요?

나는 통일을 원치 않아요. 못사는 북한과 통일하면 우리만 손해잖아요!
NO
경제적인 이유를 내세우며 통일을 반대하다니! 그게 못사는 가족이랑은 왕래하지 말자는 거랑 뭐가 달라?

독립 국가일 뿐 아니라 세계적으로도 부유한 대한민국 내에서도 다양한 의견들이 충돌합니다.

통일 역시 얼마 전까지만 해도 누구나 필요하다고 여겼습니다.

그러나 지금은 모든 시민이 통일을 원하지는 않습니다.

못사는 북한과 통일하면 우리 몫이 줄어들 것이라고 여기는 사람은 물론 사회주의 국가와 합치는 것이 싫다고 여기는 사람도 있습니다.

지금 잘살고 있으니, 그냥 변화를 싫어하는 사람도 있을 것입니다.

그러다 보면 우리 사회 내에서 갈등이 불거지기 쉽습니다.

한 나라가 분단되어 있으면 불안정한 상태에 머물 수밖에 없습니다. 그러니 평화롭고 풍요로운 미래를 위해서라도 통일은 꼭 해야합니다!
통일
평화,
풍요로운 미래

경제 지정학

최근에는 지정학적 갈등에 다른 요인도 깊숙이 개입하기 시작했습니다.
대표적인 경우가 미국과 중국의 갈등입니다.
중국이 강대국으로 부상하는 것을 견제하기 위해 미국은 강력한 행동을 취하기 시작했습니다.

대만 방문을 환영합니다
나는 대만을 방문한 것뿐인데, 중국은 왜 호들갑이야? 내 마음대로 여행도 못 하나?
미국 낸시 펠로시 전 연방 하원의장
유럽이 미국 장단에 맞추어 추종하는 것은 최악이라니까요.
암요 암요.
프랑스 마크롱 대통령
중국 시진핑 주석

이러한 정치적 행동 역시 경제적 이익을 무시한 것은 아닐 것입니다. 최근에는 세계적으로 경제적 활동을 지정학적 갈등에 이용하는 사례가 늘어나고 있습니다. 겉으로는 경제적 이익을 내세우지만, 속에는 더 큰 음모가 도사리고 있을지 모릅니다.

중국 반도체 산업이 발전하지 못하도록 '반도체 법'을 만들어 규제해야겠어. 전 세계 반도체 장비 업체들, 잘 들어! 이제 중국에 공급하면 안 돼, 알겠어?
아마 우리말을 들어야 할 걸? 안 그럼 불이익이 있을 테니까.
미국이 우리를 견제하기 위해 모든 방법을 동원하고 있군. 그렇다면 우리도 가만있을 수 없지. 미국 편에 서는 나라는 우리와 거래하기 어려울 거야.

휴, 어쩌라는 거지.
왜 사업하는 사람들에게
정치적 갈등을 적용하는
거야? 우리는 사업만
하고 싶은데.
이건 미국과 중국의
패권 전쟁입니다.
겉으로는 경제를 내세우지만,
앞으로 세계를 누가 장악하느냐를
놓고 벌이는 싸움이죠.

물론 기업이 지정학으로 인해 피해만 보는 것도 아닙니다.

세계를 상대로 활동하는 기업이 한 나라의 경제 규모를 능가하는 일은 오늘날 새삼스러운 것이 아닙니다.

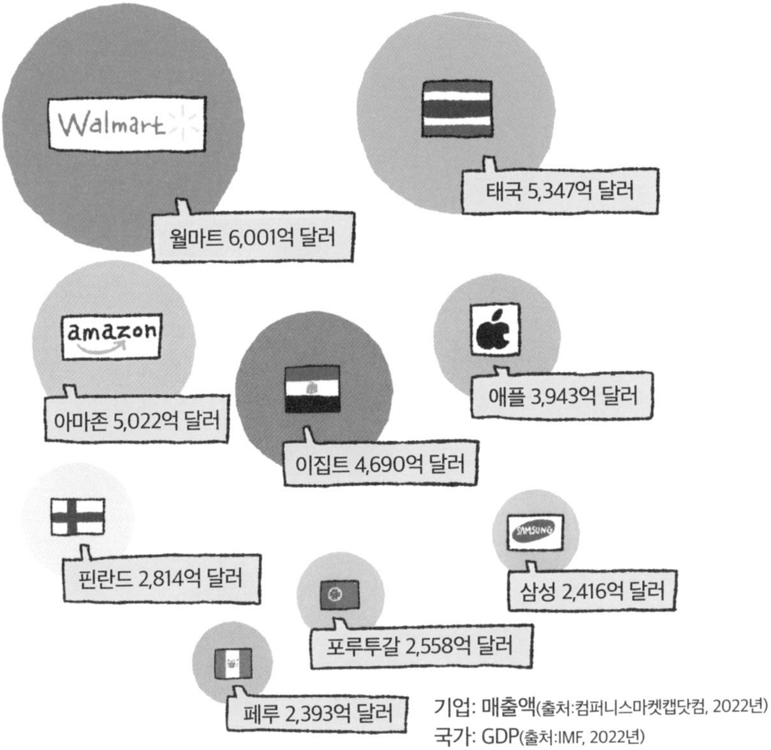

이름만 들어도 아는 기업들은 웬만한 나라보다 경제 규모가 큽니다.

그런 기업은 세계의 지정학에 큰 영향을 끼칠 수밖에 없습니다.

대표적인 지역이 중앙아시아와 아프리카의 자원 개발 사업입니다.

오늘날 중앙아시아와 아프리카는 자원 지정학의 핵심 지역입니다. 세계의 수많은 기업이 이 지역에 풍부한 자원 개발에 참여하고자 합니다.

최근 전 세계적으로 주요한 이슈인 중국의 '일대일로(一帶一路, One belt, One road)' 사업 역시 중앙아시아를 거쳐 아프리카까지 아우릅니다.

이러한 사업은 겉으로는 경제적 성과를 목표로 합니다.

그러나 사업 이면에는 정치적 주도권을 누가 쥐느냐 하는 문제도 내포되어 있죠.

오늘날 지정학은 단순히 경제나 정치에 의해서 좌지우지되지 않습니다.

정치·경제·군사·화폐 등 수많은 요소가 뒤섞여 있습니다.

一帶一路
AGAIN SILK ROAD
일대일로 사업은 전 세계 60여 개 나라의 경제 개발을 촉진하기 위한 전략이죠!
중앙아시아, 유럽, 아프리카를 연결해서 대규모 물류 거점과 에너지 기반 시설을 건설하고, 육상으로는 고속철, 해양으로는 상선 운송로를 건설하여 경제 협력을 촉진할 것입니다.
일대일로 사업이 경제적인 목적을 갖는다고? 말도 안 돼. 중국이 세계를 좌지우지하려는 거잖아!

강대국 지정학

이런 상황이 지속되면 강대국의 영향을 받을 수밖에 없는 나라들은 갈수록 어려움을 겪게 됩니다.
그래서 지정학을 '영토를 장악하기 위한 경쟁과 그것에 대한 합리화의 수단 이상이다'라고 말하는 학자도 있습니다.*
지정학은 학문이라기보다는 자신들의 침략 경쟁을 합리화하는 수단이자 경쟁이라는 말이지요.

그렇다면 지정학은 말 그대로 강대국의 학문이 될 수밖에 없습니다.
약소국은 침략은커녕 방어하기에도 급급할 테니까요. 자기 땅 지키기도 힘든 나라가, 지구 전체를 고려하는 지정학을 공부할 겨를이 있을 리 없습니다.

* 《지정학이란 무엇인가》, 콜린 플린트 지음, 한국지정학연구회 옮김, 도서출판 길, 41쪽.

6부

21세기에 등장한 새로운 지정학

바다 지정학

최근에는 지정학의 범위가 날로 확장하고 있습니다.
과거에 지정학은 땅 위에 그은 국경, 그리고 그곳에서 벌어지는 정치·경제·문화·종교와 관련이 있었습니다.
그러나 오늘날, 그리고 미래에는 또 다른 요소들이 지정학에 영향을 끼칠 것입니다.

대표적인 곳이 바다입니다.
지구의 70% 이상을 차지하는 바다 대부분은 이른바 공해(公海)입니다.
어느 나라에도 속하지 않는 곳이죠.

나는야 사람이 타지 않는 무인 잠수정! 바닷속을 맘대로 돌아다닐 수 있어. 태평양 바닥까지도 다 탐사할 수 있지.

그러나 오늘날 바다는 전 세계 각축장이 되었습니다. 배타적 경제 수역*은 두말할 나위도 없고, 주인 없는 바다인 공해마저 서로 경쟁하는 장소가 된 것입니다.

과거에는 물고기 떼를 찾는 데 사용하던 소나(SONAR)**를 오늘날 공해상에서 군사적 목적으로 쓰는 것은 모두가 아는 사실입니다.

난 바닷속을 누비는
수중 글라이더라고 해.
나보고 '해양 로봇'이라고도
하더라고.

* 연안으로부터 200해리 수역 안에 들어가는 바다. 연안국은 이 수역 안의 어업 및 광물 자원 따위에 대한 모든 경제적 권리를 배타적으로 독점하며, 해양 오염을 막기 위한 규제의 권한을 가진다.

** 초음파를 발신하여 그 반사 파동으로 수중 장애물이나 해저 상황을 탐지하는 장치. 수상 함정, 잠수함, 기뢰 따위의 탐색 및 어군 탐지기, 음향 측심기 따위에 쓴다.

물고기와 같은 수산 자원을 확보하기 위한 과정에서도 국가 간에 갈등이 발생하고 있습니다.

강대국, 선진국, 기술이 앞선 나라는 전 세계 바다를 누비며 물고기를 잡아들이는 반면 가난하고 기술이 부족한 나라는 다른 나라 어선들이 물고기를 쓸어 가는 모습을 지켜볼 수밖에 없습니다.

우리는 원래 어부였어. 해적이 될 생각은 없었는데, 엄청 큰 배들이 와서는 우리 어장 물고기들을 싹쓸이하지 뭐야?
그럼 우리가 살기 위해 할 일이 뭐겠어? 겉으로 드러난 사건만 보지 말라고.
소말리아 해적

그뿐일까요?

해저에 묻혀 있는 자원이 얼마나 될지 누구도 알 수 없습니다. 그만큼 해양 자원의 잠재력은 크죠. 기술이 앞선 선진국들은 이를 선점하기 위해 발 벗고 나섰습니다.

그들에게 공해는 선점하는 사람이 주인인, 주인 없는 바다일 뿐입니다.

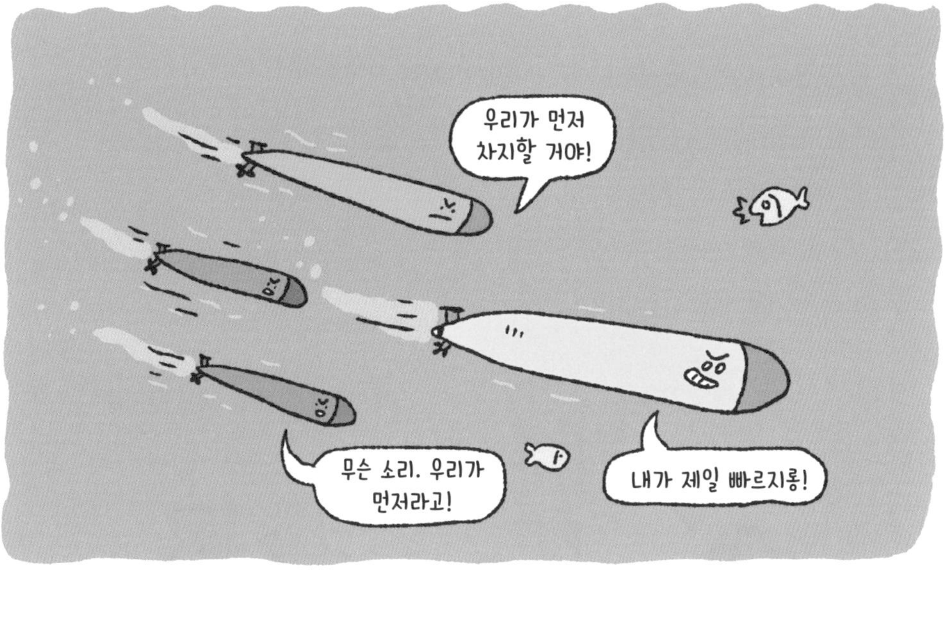
우리가 먼저 차지할 거야!
무슨 소리. 우리가 먼저라고!
내가 제일 빠르지롱!

빙하 지정학

빙하 지대는 얼마 전까지 지정학의 영향에서 벗어나 있었습니다. 아무도 갈 수 없고, 머물 수 없으며 가치가 없다고 여겼으니까요. 그러나 지구온난화는 빙하 지대에 대한 관심까지 바꿔 놓았습니다.

앞서 살펴본 인도와 파키스탄 국경에 위치한 시아첸 빙하가 그러합니다. 기온이 올라가면서 빙하가 녹고, 빙하 아래 있던 땅이 인간이 활동할 수 있도록 드러나고 있습니다.
그러자 새로 드러난 땅의 소유권을 두고 주변 국가들이 서로 차지하기 위해 관심을 기울이고 있습니다.

옛날엔 너무 추워서 관심도 없던 곳인데.
이젠 살 만하더라고? 요가도 할 수 있고 말야.
이봐, 우리 땅에서 뭐 하고 있는 거야?!

이처럼 기후 변화는 과거에는 상상하지 못한 일들을 일으키기도 합니다.

1991년, 알프스산맥을 등반하던 두 독일인이 한 시신을 발견했습니다. 처음에는 제2차 세계대전 때 사망한 군인이라고 여겼는데, 조사 결과 5300년 전 사망한 남자임을 밝혀냈습니다.
고대 미라가 발견되자 온 세계가 떠들썩했죠. 발견한 장소를 본떠 '외치'라고 이름도 붙였습니다.
그런데 문제는 그 미라가 어느 나라 소유인가였습니다. 그 무렵 알프스 빙하 지대는 국경선이 분명치 않았기 때문입니다. 결국 정밀 기술을 동원한 끝에 이탈리아 지역이라는 결론에 도달했습니다.

이 미라는 원래 우리 땅에 묻혀 있던 거니까 볼차노에 있는 고고학 박물관으로 가져가자!
쩝. 저 미라 보러 오는 사람들이 엄청난데. 그 수익금이 모조리 이탈리아로 가겠군.

빙하 지역은 녹은 후 드러나는 땅 외에 또 다른 요인으로
갈등을 일으키고 있습니다.
바로 빙하에서 흘러내리는 물 때문입니다.
강물에 의존하며 살아가는 우리는 상상하기 힘들지만, 약 20억 명의
세계인이 빙하 지대에서 나오는 물을 마시며 살아갑니다.

빙하 외에도 하천, 호수, 지하수를 머금은 대수층(帶水層)* 등을
사이에 두고 많은 나라가 갈등을 빚고 있죠.
날이 갈수록 지구상에서 살아가는 사람들이 사용할 물이
부족하기 때문입니다.
특히 여러 나라에 걸쳐 있는 대수층을 둘러싸고
해당 국가들이 다투고 있습니다.

* 지하수가 있는 지층. 즉, 상당한 양의 물을 배출할 수 있는 지층을 말한다.

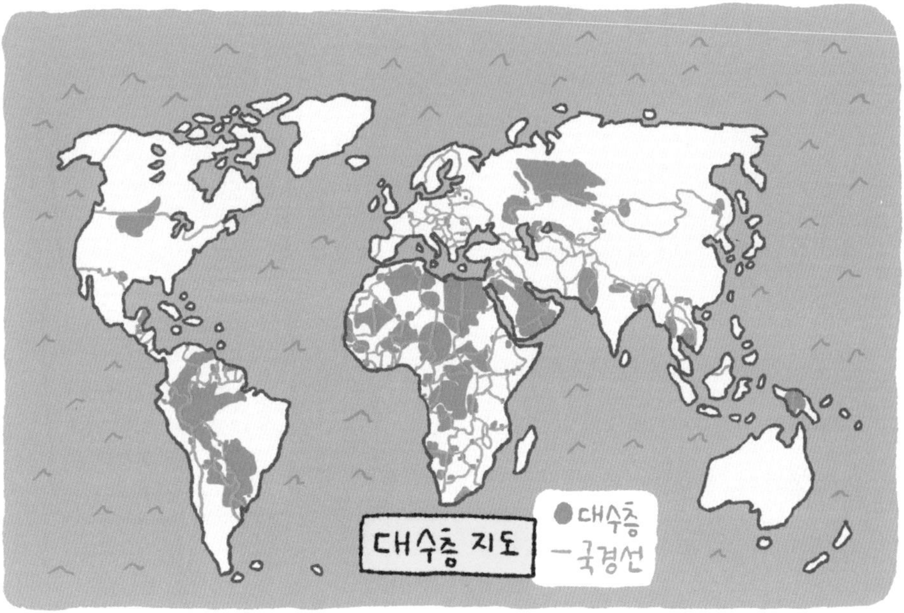

지도에서 볼 수 있듯이 여러 나라 국경을 가로질러 흐르는 대수층은 무척 많습니다. 지구온난화가 가속화되고 물 부족 현상이 심해진다면, 이 대수층을 놓고 여러 나라가 갈등을 겪을 것은 불을 보듯 뻔합니다. 지금도 이스라엘과 팔레스타인, 아프리카 여러 나라, 인도와 중국, 파키스탄 등이 물로 인해 갈등을 겪고 있습니다.

온난화 지정학

지구온난화로 인해 사라지는 땅 역시 많은 갈등을 불러오고 있습니다. 국제법에 따르면 한 나라 육지로부터 12해리까지를 영해(領海)로 인정합니다. 그런데 섬나라들 가운데는 해수면 상승으로 인해 육지 영토가 줄어드는 경우가 있습니다. 당연히 영해 역시 줄어들 게 뻔합니다.

여기가 우리나라 수도 '말레'인데, 지대가 낮아 언제 물에 잠길지 몰라.
게다가 우린 관광과 어업으로 먹고사는데, 산호섬이 자꾸 사라지니 배타적 경제 수역을 놓고 인도, 스리랑카와 다투어야 하지.
말레
전문가들은 2100년 무렵이면 몰디브 대부분이 물에 잠길 거래.
몰디브 지도.

남태평양의 투발루를 비롯해 많은 섬나라 역시 영토가 물에 잠기는 고통과 함께, 경작지의 바닷물 침식으로 식량 보급에도 어려움을 겪고 있습니다. 그러나 정작 지구온난화에 큰 책임이 있는 강대국, 선진국들은 지금도 경제 성장만을 외칠 뿐입니다.

물에 잠겨도 국가로
인정받을 수 있을까요?
우리 곁에서 일어나고 있는
일을 외면하지 마세요.

스마트 지정학

20세기에는 상상도 할 수 없었던 개념 가운데 또 하나는 '스마트 국경'입니다.

땅이나 강, 바다 같은 눈에 보이는 국경은 지금도 중요합니다.

한편, IT 기술이 발전하면서 새로운 국경도 탄생했죠.

스마트 국경이 그것입니다.

뭐하러 힘들게
국경을 지키고
있는 거야?
국경

스마트 국경이란 정보 기술을 이용해 국경의 통제력을 보다 용이하게 하고, 땅 위에 그은 국경을 확장하며 강화하는 것입니다.
쉽게 말해 한 나라의 영향력을 땅과 바다 위에 그은 국경 너머까지 확장하는 거죠.

오늘날 강대국들은 첨단 기술을 이용해 지구 위를 오가는 사람, 물건을 모두 추적합니다.

우리는 많은 나라 공항에 입국할 때 사진을 찍고 허가를 받죠.

지문도 찍습니다. 이른바 '생체 인식 정보'라고 부르는 것입니다.

그렇게 쌓인 자료는 우리가 어디를 어떻게 오가는지 평생 추적합니다.

그뿐이 아닙니다. 전화 통화 정보 추적, 컴퓨터 정보 추적, 자동차 번호판 판독 같은 기술을 이용해 모든 사람의 행동을 일거수일투족 감시합니다.

이러한 정보가 쌓이면 강대국은 자기 나라를 넘어 다른 나라 국민의 삶까지 엿볼 수 있습니다. 정보 기술이 더욱 발달한다면, 수십 년 후에는 땅 위의 국경이 의미를 잃을지도 모릅니다.

우리가 중국 IT 기업 진출을 막는 것도 바로 그 때문이라고.
너희는 뭐 안 그래? 사돈 남 말 하지 마!
나는 무슬림이라는 이유만으로 입국을 거절당했어. 첨단 기술로 피해 보는 사람은 우리 같은 선량한 시민들뿐이라니까.

더욱 놀라운 것은 이렇게 IT 기술을 이용한 감시 체제를 가동하는데도, 세계 곳곳에서 불법 행동은 계속된다는 사실입니다.

아무리 감시하고 막아 봐라. 빠져나갈 방법이 다 있지~ 후후.
마약 정도 갖고 무슨. 난 무기도 들여올 수 있지롱.
시시한 놈들. 난 탈세도 했다고~!

날이 갈수록 스마트 국경 감시 체제는 세계적으로 더 강화하고 있습니다. 스마트 국경은 빅 데이터* 수집에 매우 좋은 기회입니다. 국가든 기업이든 이런 기회를 포기할 리 없습니다.

그러나 이런 체제는 심각한 결과를 가져올 수도 있죠.

만일 이 데이터가 해킹당한다면 어떻게 될까요?

뭘 어떻게 돼? 개인 정보 팔아서 돈도 벌 수 있는데, 환상적이지!
100% SAFE
해킹이 무섭지? 그래서 국가가 우리 같은 IT 대기업과 손을 잡고 일하는 거야.
내가 물건 살 때 제공한 정보가 정부에도 들어간다고?

* 기존의 데이터베이스로는 수집·저장·분석 따위를 수행하기가 어려울 만큼 방대한 양의 데이터. 이러한 자료는 기업이나 국가의 정치·경제·사회·문화적인 활동에 사용한다.

앞으로 정보 기술이 발달함에 따라 스마트 국경이 어디까지 확장될지는 아무도 모릅니다.
지금도 상대방 국가의 컴퓨터 시스템을 무력화하거나, 정보 기술을 이용해 다른 나라 선거에 개입하는 등 다양한 스마트 국경 침범 사례가 나타나고 있습니다.
수십 년 후에는 오늘날 우리가 상상할 수 없는 침략과 개입이 국가 사이에 일어날 것이 분명합니다. 그 결과 선진국과 후진국 사이 간격은 더 벌어질 것입니다.

2016 미국 대통령 선거
누이 좋고 매부 좋자고~ 잘 부탁해.
후후, 나만 믿어!
e-mail 해킹중

미국 트럼프 전 대통령 러시아 푸틴 대통령

우주 지정학

21세기에 나타난 새로운 국경이 '우주 국경'입니다.

2019년 나토는, 외계 공간이 지상, 해상, 공중, 사이버상 공간과 다를 바 없는 나토의 작전 영역이라고 인정했습니다.

우주를 놓고 나라들이 다투기 시작한 것입니다.

1979년, 인류는 달과 거기 묻혀 있는 자원은 '인류의 공동 유산'이라는 조약을 맺었습니다.

그러나 오늘날, 이러한 조약이 효력을 가질 것이라고 믿는 사람은 없습니다.

내가 처음 달에 왔을 때만 해도 달은 그저 신비로운 곳이어서 현실적으로 평가하기가 어려웠어.
그래서 달은 '인류 모두의 것'이라고 해 버렸지 뭐야.

21세기에 미국 기업 딥 페이스 인더스트리는 소행성의 광물 채굴 계획을 발표했습니다.

또 미국 정부는 상업적 우주발사 경쟁력 법(우주법)을 통해, 미국 국민과 기업에 소행성을 탐사하고 이윤을 추구할 법적 권한을 부여했습니다.

그뿐이 아닙니다. 미국 항공 우주국(NASA)은 2030년 이전에 달에 기지를 건설할 목표를 세웠죠.

나는 스페이스X라는 우주 탐사 기업을 세웠어. 화성에 식민지를 건설하고 인류를 우주로 진출시킬 거야!
달에 진출하는 건 시간 문제지. 이제 민간인도 우주 탐사를 할 수 있는 시대가 열린 거야!
SPACEX

일론 머스크

내가 세운 블루 오리진도 우주 개발 업체야. 2021년에 민간인을 태운 우주선 발사에 성공했지.
세계 일주가 아니라 우주여행이 가능한 시대가 된 거야. 다 내 덕분이지.
BLUE ORIGIN
제프 베이조스*

하지만 우주는 단순히 탐사의 대상만이 아닙니다.

21세기 우주는 군사 작전의 주요한 기반입니다.

우주는 이미 조기 경보 시스템, 통신, 지휘 및 통제, 무기 조준, 감시, 상황 인식 시스템 등에서 중요한 자리를 담당합니다. 또 탄도 미사일** 방어 체계와 인공위성 요격무기시스템(ASAT)*** 은 우주 군사 기술을 바탕으로 하고 있습니다.

* 전자 상거래 업체, 아마존 창업주.

** 탄도를 따라 날아가는 유도탄. 발사한 다음 얼마 동안은 로켓이 작동하여 일정한 궤도와 방향을 잡지만, 그 뒤에는 보통 포탄처럼 탄도를 그리며 날아간다.

*** 공격하여 오는 미사일을 도중에 파괴하는 시스템.

이제 우주를 지배하지 못하면, 땅에 가지고 있는 첨단 무기나 군사 시설이 헛된 것이 될 수 있습니다.

대한민국 역시 우주 개발을 위해 범정부적 노력을 기울이고 있습니다.
우주 개발에서 뒤처지는 나라는 강대국 대열에서
탈락할 수밖에 없으니까요.

2023년 5월 25일,
대한민국은 누리호 3차
발사에 성공했습니다.
세계에서 7번째로 성공한
나라가 된 것이죠!
대한민국
누리

바이러스 지정학

2019년 11월, 최초 코로나바이러스 감염증(코로나-19) 확진자가 발생하면서 전 세계에는 또 다른 국경이 생겨났습니다. 바로 '바이러스 국경'입니다. 세계가 1일 생활권이 된 후 나타난 첫 번째 강력한 바이러스인 코로나-19는 이전과는 달리 하루가 다르게 퍼져 나갔고, 불과 며칠 만에 전 세계를 공포에 빠뜨렸죠. 이때부터 세계 각국은 빗장을 걸어 잠그기 시작했습니다. 바이러스 국경이 탄생한 것입니다.

지구상 많은 나라가 국경을 막으면서 동시에 나타난 현상이 국가주의*, 포퓰리즘**, 국수주의***입니다.

예로부터 대규모 재난이 나타나면 같은 민족끼리 뭉쳐 다른 민족을 억압하는 일이 흔했죠.

1923년 일본 도쿄 인근 관동 지역에 강력한 지진이 발생했어.
그때 십만 명 넘는 사람이 죽고, 이재민은 삼백만 명이 넘었어. 그러자 온갖 유언비어가 퍼졌지.

1923년, 일본 관동 대지진 후 시가지 모습.

* 국가의 공동체적 이념을 강조하고 그 통일, 독립, 발전을 꾀하는 주의.

** 일반 대중의 인기에 영합하는 정치 형태. 대중을 동원하여 권력을 유지하는 정치 체제로 대중주의라고도 한다.

*** 자기 나라의 고유한 역사·전통·정치·문화만을 가장 뛰어난 것으로 믿고, 다른 나라나 민족을 배척하는 극단적인 태도나 경향.

조선인이 불을 질렀다며?
무슨 소리! 조선인이 우물에 독을 넣었다는데?
재난을 당하면 서로 힘을 합해도 부족한데, 오히려 일본인과 경찰까지 나서 조선인과, 조선인으로 오해받은 중국인, 나아가 일본인까지 학살하다니, 이건 말도 안 돼.

관동 대지진 때 일본의 군대, 경찰, 유언비어를 믿은 민중에 의해
조선인을 비롯한 많은 사람들이 살해됐다.

코로나-19가 창궐하자 똑같은 현상이 지구상에서 반복되었습니다. 전 세계 여러 나라에서 이를 정치적으로 이용하려는 움직임이 일어난 것입니다.

19세기에 호주에 전염병이 돌자, 백인들이 유색인종인 중국 이민자 탓으로 돌려세우듯이 말이죠.

이 바이러스는 중국 우한에서 나온 거요. 그러니 코로나-19가 아니라 '우한 바이러스'라고 불러야 한다고!
그게 안 되면, '중국 바이러스' '쿵 플루(Kung Flu)'라고 부릅시다. 중국은 썩 물러가라!
바이러스 퇴치를 위해 전 세계인이 힘을 합쳐야 합니다. 편 가르기를 하는 것은 옳지 않다고요!

과학자들은 대규모 바이러스가 창궐할 위험은 갈수록 커 갈 것이라고 경고합니다.

그때마다 바이러스를 지정학적으로 이용하면서 바이러스 국경을 강화한다면, 지구상에 살아가는 시민들은 점점 큰 위험에 빠질 것이 분명합니다.

7부 지정학의 미래

지정학의 역할

미래에 지정학은 어떻게 변화할까요?
오늘날 지구상에는 평화보다는 갈등과 분쟁, 편 가르기가 심합니다.
이런 상황에서 지정학이 어떤 역할을 할 수 있을까요?

과거와 같이 강대국의 이익을 위해 봉사하는 학문이 될까요?
영토를 사이에 두고 싸우는 군부에 새로운 전략을 전해 줄까요?
아니면 국제적 분쟁을 예측하여, 이를 평화적으로
해결할 수 있도록 해 줄까요?

역사를 되돌아보면 지정학이 평화를 안겨 주기는 어려울 듯합니다.
지정학 탄생의 근거지이자 지정학이라는 학문의 중심이기도 한
강대국들이, 세계 평화를 위해 자신들의 이익을 포기한 사례는
찾기 힘드니까요.

오히려 강대국일수록 지정학을 이용해 자신들의 미래 이익을 추구해 온 게 현실입니다.

우리가 지정학을 더욱 열심히 공부해야 하는 까닭이 여기에 있습니다.

지정학은 우리나라 이익에 도움이 되어야 해.
우리가 잘사는 게 곧 정의라고!
자기 이익만 챙기면 정의가 설 자리가 있을까요? 한발씩 양보해야 지구가 평화를 찾지 않겠어요?
강대국A
지구온난화? 난 그런 거 모르겠고, 일단 우리부터 잘삽시다!
불과 백 년 뒤에는 지구온난화로 인류가 고통을 받을 텐데, 자기만 잘살겠다고 다투다니!
강대국B

한반도는 역사적으로도 지정학의 핵심 지역이었고, 미래에도 그러할 것입니다.

한반도는 중국과
왜나라 사이에
자리하고 있는 동아시아
핵심 지역이오.
대륙 문화와 해양 문화가
만나는 곳이기도 하지만,
대륙의 힘과 해양의 힘이
부딪히는 곳이기도 하지.
흥!
삼국시대부터 지금까지
한반도는 늘 주목받는
지역이라오.
모두
주목!
고구려
신라
백제

우리 역사를 살펴보면, 지도자가 잘못 판단하여 수많은 백성이 죽고 다치며 소중한 우리 문화가 불타거나 약탈당한 일이 많았습니다.

그 가운데는 피할 수 없는 경우도 있었지만, 피할 수 있는 경우도 많았죠.

늘 주변 정세에 관심을 기울이면서 민족과 문화, 영토를 지키도록 노력해야 해.
고려
안 그러면 우리처럼 해양 세력의 공격도 받고, 대륙 세력의 공격도 받는다고.
또 야?
조선
그래서 외교와 지정학 공부는 삶에 필수적이야. 단순히 한쪽 편들었다가는 곤란해지기 일쑤거든.
국제 사회에는 영원한 적도 없고, 영원한 우방도 없어.
21세기에도 마찬가지일걸? 나는 실패했지만, 여러분은 실패하지 말라고.
광해군

지정학의 주인

임금이 지도자인 시대에는, 백성들이 아무리 공부를 많이 해도
임금의 결정을 바꿀 수 없었습니다.
그러나 지금은 민주주의 시대입니다. 깨어 있는 백성들이라면
현명한 지도자를 선택할 수 있죠.
오늘날 세계를 살펴보더라도 지도자가 누구냐에 따라 한 나라, 한 지역,
나아가 전 세계의 평화와 갈등이 좌우되기도 합니다.

미래에도 지정학과 국제 질서는 정의보다는
현실적 이익에 따라 움직일 것입니다.
그렇다고 해도 우리 모두가 세계의 움직임에
관심을 갖는다면, 한 걸음, 한 걸음,
정의를 향해 나아갈 수 있지 않을까요?

참고 문헌

도서

《아프리카 쟁탈전》, 기획집단 MOIM 글, 2da 그림, 그림씨.

《지정학이란 무엇인가》, 콜린 플린트 지음, 한국지정학연구회 옮김, 도서출판 길.

《지정학: 지금 세계에 무슨 일이 벌어지고 있는가?》, 파스칼 보니파스 지음, 최린 옮김, 가디언.

《지정학의 힘: 시파워와 랜드파워의 세계사》, 김동기 지음, 아카넷.

《국경전쟁: 국가의 미래를 좌우하는 새로운 지정학 전투》, 클라우스 도즈 지음, 함규진 옮김, 미래의창.

《지정학 카페: 세상에서 가장 작은 지식 충전소》, 질다 르프랭스 지음, 최린 옮김, 가디언.

《지정학의 포로들: 세계의 패권 싸움은 지정학의 문제다》, 정의길 지음, 한겨레출판.

《거대한 체스판》, 즈비그뉴 브레진스키 지음, 김명섭 옮김·해제, 삼인.

《샌프란시스코 체제를 넘어서: 동아시아 냉전과 식민지·전쟁범죄의 청산》, 김영호·이태진·와다 하루키·후더쿤·알렉시스 더든·하라 기미에 편, 메디치미디어.

《지리의 힘: 지리는 어떻게 개인의 운명을, 세계사를, 세계 경제를 좌우하는가》, 팀 마샬 지음, 김미선 옮김, 사이.

《지리의 힘 2: 지리는 어떻게 나라의 운명을, 세계의 분쟁을, 우리의 선택을 좌우하는가》, 팀 마샬 지음, 김미선 옮김, 사이.

《90枚のイラストで 世界がわかる はじめての地政学》, いつかやる社長 著, 飛鳥新社.

웹사이트

《표준국어대사전》, 국립국어원.

〈위키피디아〉.

〈SHIMZ〉사 누리집.

사진 출처

위키피디아 133, 134쪽.

세상을 바꾼 87km **셀마 대행진**

박정주 글 | 소복이 그림 | 160쪽 | 13,500원

★행복한아침독서 2022년 아침독서 추천도서 목록(청소년) ★제21회 대한민국 독서대회 지정도서(2022)
★한국어린이출판연합 이달의 꼭 만나볼 책(2022)

아무것도 하지 않으면 아무 일도 일어나지 않는다! 1965년 3월 미국, 그들이 셀마에서 몽고메리까지 '87km'를 걸으며 얻어 내고자 한 것은 무엇이었을까? 흑인 민권 신장 역사에 한 획을 그은, 셀마 대행진 이야기.

빠르게 만들고 빠르게 버리는 옷의 비밀 **패스트 패션**

기획집단 MOIM 글 | 이해정 그림 | 104쪽 | 13,500원

★서울특별시교육청 강서도서관 추천도서(2022.12.)

1년에 만드는 옷은 1천억 벌… 버리는 옷은 350억 벌! 우리는 매년 옷을 사는데도 왜, 매년 입을 옷이 없는 것처럼 느끼는 걸까? 지구에서 살아갈 우리가 꼭 알아야 할 패스트 패션의 모든 것!

지도를 바꿔 버린 유럽의 식민지 전쟁 **아프리카 쟁탈전**

기획집단 MOIM 글 | 2da 그림 | 160쪽 | 14,500원

★고래가 숨쉬는 도서관 신학기 추천도서(2023) ★월간 책씨앗 4월의 추천도서(2023)

아프리카에는 왜 국경이 직선으로 된 부분이 많을까? 우리가 쉽게 떠올리는 아프리카의 모습에는 기나긴 역사가 숨어 있다. 아프리카 대륙에서 일어난 유럽 열강들의 지배와 탐욕의 역사!

인류가 낳은 인류 파괴 BUTTON **핵무기의 모든 것**

기획집단 MOIM 글 | 이크종 그림 | 176쪽 | 15,000원

★책씨앗 이달의 주목 신간(2023)

핵무기를 최초로 만든 오펜하이머는 이후, '핵무기 없는 세상'을 꿈꾸는 반핵주의자가 되었다. 과학자의 손에서 탄생하여 정치가의 손으로 넘어간 핵무기의 탄생부터 미래까지, 핵무기의 모든 것!

광고의 역사부터 애드테크까지 **광고의 모든 것**

김재인 글 | 위수연 그림 | 152쪽 | 15,000원

광고인 듯, 광고 아닌, 광고 같은 광고들…. 어떻게 하면 요즘 같은 광고의 대홍수 시대에서 광고를 똑똑한 눈으로 바라볼 수 있을까? 광고인을 꿈꾸는 이도, 광고 없는 세상을 꿈꾸는 이도 알아야 할, 광고에 대한 모든 것!